解读日本明治

裴宏　陈咏梅 等◎著

·北京·

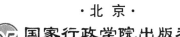

国家行政学院出版社

NATIONAL ACADEMY OF GOVERNANCE PRESS

图书在版编目（CIP）数据

解读日本明治 / 裴宏等著 . -- 北京 : 国家行政学
院出版社 , 2024. 9. -- ISBN 978-7-5150-2848-4

Ⅰ . K313.41

中国国家版本馆 CIP 数据核字第 2024GP6573 号

书　　名	解读日本明治	
	JIEDU RIBEN MINGZHI	
作　　者	裴　宏　陈咏梅　等著	
责任编辑	陈　科　陆　夏	
责任校对	许海利	
责任印刷	吴　霞	
出版发行	国家行政学院出版社	
	（北京市海淀区长春桥路 6 号　　100089）	
综 合 办	（010）68928887	
发 行 部	（010）68928866	
经　　销	新华书店	
印　　刷	中煤（北京）印务有限公司	
版　　次	2024 年 9 月第 1 版	
印　　次	2024 年 9 月第 1 次印刷	
开　　本	170 毫米 × 240 毫米　16 开	
印　　张	13	
字　　数	165 千字	
定　　价	50.00 元	

本书如有印装质量问题，可随时调换，联系电话：（010）68929022

前言

—— PREFACE ——

本书是为所有关注日本近代化历程的人士所撰写的。

从广义分期来讲，日本的近代化历程横贯了整个明治时期（1868—1912年）。提起明治，很多人的第一反应就是明治维新。这次改革始于1868年明治天皇建立新政府，通过学习西方，改革落后的封建制度，日本走上了发展资本主义的道路，同时利用日趋强盛的国力，逐步废除与西方列强签订的不平等条约，收回国家主权，摆脱了沦为殖民地的危机，并迅速成长为亚洲乃至世界强国。可以说，"明治维新"是日本历史的转折点，是日本在西方资本主义工业文明冲击下所进行的具有资本主义性质的改革运动。尽管它不是一场彻底的资产阶级革命，但它迅速改变了日本社会，带来了从经济基础到上层建筑的重大变化。

"现代管理学之父"彼得·费迪南德·德鲁克曾说，在所有历史里，明治这一独特的时代最让他感兴趣。2015年，明治时代日本的工业革命遗产被列入世界文化遗产名单。在日本明治时代的近代化进程中，无论是被誉为指路明灯的"博览会"、成就之卓越的"使节团"，大放异彩的近代文学、文明开化下带来的新事物和新习俗，还是为殖产兴业助力的"政商财阀"、"松方财政"，抑或是被誉为资本之父的涩泽荣一，等等，无时无处都彰显着一个世界史上近乎奇迹的日本明治。

本书各章节的参著者，分别是：

陈咏梅（第一章）

尹端毅（第二章）

张羽（第三章、第四章）

杜欣（第五章）

王雯婷（第六章）

里欣（第七章）

詹凌峰（第八章）

杨德培、吴昕珊、邱紫慧、耿彤岩（参与）

裴宏、陈咏梅（定稿）

书中疏漏之处，敬请读者和同行不吝指正。

裴　宏

2024年初夏

目　录
—— CONTENTS ——

第一章　岩仓使节团探寻日本宏图的世界之旅

第八章　史上罕见的"财政通"首相松方正义和"松方财政"

第一章
岩仓使节团探寻日本宏图的世界之旅

  1871年12月23日正午，美国太平洋邮轮公司的蒸汽轮船"美利坚号"驶离日本横滨港。这艘船上搭载着一个规模庞大的外交使节团，准备前往美国的旧金山。使节团以明治政府的右大臣、外务卿①岩仓具视为首，以下外交官、调查专员及随行的留学生共计107人。使节团计划用10个月的时间巡访欧美14国，递交国书并考察欧美诸国的政体和文化。这个使节团的规格之高、人数之多、行程之长、使命之艰巨、对日本近代化成就贡献之大，不仅在日本史上绝无仅有，在世界史上也极为罕见。

---

① 明治初期日本各部官制以"卿"为主管大臣，下设"大辅""少辅""少丞"等职。

一、派遣岩仓使节团的时代背景

1853年7月，美国东印度舰队司令佩里率领的"黑船"舰队打破了日本200年的闭关锁国，全球贸易的海风迅猛地吹进日本。德川幕府体制僵化难以应对，在外交和内政中处处碰壁、举步维艰。希望为日本找到新生之路的仁人志士和藩国诸侯看透了幕府的软弱，对德川政权的态度从"佐幕"到"倒幕"一路倾斜下滑。1867年10月，迫于无奈的幕府将军德川庆喜同意"大政奉还"，将日本国家的行政管辖权交还天皇。但倒幕派坚持认为，必须用武力推翻德川政权，才能确保新政府权威的稳固。在1868年1月2日召开的御前会议上，岩仓具视和大久保利通要求德川庆喜"辞官纳地"，即辞去本兼各职并上缴所有的采邑后才能得到新政府的赦免。德川庆喜无法接受这个决定，最终在1月27日爆发了伏见鸟羽之战。西乡隆盛指挥5000名萨摩藩（今鹿儿岛县）、长州藩（今山口县）和土佐藩（今高知县）联军，击溃了3倍于己的幕府军。虽然以此战为起点的戊辰战争还会持续18个月，但许多原本归属于德川幕府的诸侯已经开始见风使舵地投靠到天皇的旗帜之下。明治新政府的首脑们面临一个比战争更为严峻的问题：如何建立一个新的国家？旧的制度已经打碎，但新的制度尚未确立。采用什么制度才能让日本的国民和三百藩国的诸侯心服口服？什么制度才能为新生的日本带来最大的国家利益？

经过各派势力紧急磋商，1868年4月6日，明治天皇在京都御所紫宸殿以向天地明誓的形式发表《五条御誓文》[①]，向日本全国宣告了新政府

---

① 日本国立公文书馆 敕 00001100 号。

的国政大纲：

第一条"广开会议、万机决以公议"；

第二条"上下一心振兴经济"；

第三条"官武庶民各从其志、勿使人心倦怠"；

第四条"基天地之公道、除旧来之陋习"；

第五条"求知识于世界以振兴皇国之根基"。

这五条誓文简单明了直指人心。其中"民主公议"和"身份平等"是反对德川幕府实施的独裁统治以及幕府规定的身份等级制度；"振兴经济"和"除旧革新"则给予国民对未来的期望。第五条引进西学的意义更为深远，它不仅表明了日本对国际关系的态度，同时还意味着不仅是产业发展受影响，对西方知识的运用甚至可能波及法律和社会制度的建设，为日本全面西化定下了基调。耐人寻味的是，去世不久的孝明天皇（1831年7月11日—1867年1月30日）是最讨厌外国人的，倒幕的两大主要势力萨摩藩和长州藩也都以"攘夷"而闻名于天下。幕末时期发生的与外国最严重的军事冲突均发生在这两个藩国——长州藩曾经在下关炮轰外国船只，遭到英法美荷四国的联合攻击，长州藩损失惨重；萨摩武士曾在生麦村（现横滨市鹤见区）斩杀英国商人而引发萨英战争，鹿儿岛受到炮击，市街大半被焚。也许正是因为亲身体验过西洋的船坚炮利，所以才能够迅速转向、掉头投入强者的怀抱；也许"攘夷"云云从最开始就是藩国诸侯与德川家族争权夺利的借口。总之，早已近距离接触过西方利器的新政府首脑们，强烈地意识到日本的发奋图强必须借助于西洋科技。

二、考察计划的出台

在《五条御誓文》公开发表两个月后，著名的美国传教士及教育家奇诺·韦贝克（Guido Herman Fridolin Verbeck）通过他的学生大隈重信（佐贺藩士，后五次出任外务大臣、两次任总理大臣）向明治政府的首脑们提出了著名的"考察草案"（Brief Sketch）[①]。他建议日本应该派出使节与西洋各国加深友好关系，同时对出访各国的政治、法律、外交、教育以及宗教等诸般制度进行详细的考察和研究。韦贝克特别强调，对于西洋文明的理解，必须由政策制定者亲眼看见、亲身体会才能产生实际效应。他甚至热心地草拟了考察方向、考察时间以及巡访的路线。这封建议信对岩仓使节团的出行产生了非常重大的推动作用。

韦贝克在明治新政府中的威望极高，他门下学子人才辈出、群星璀璨：大久保利通（内务卿）、伊藤博文（四次任总理）和山口尚芳（会计检察院院长）等人都曾在韦贝克的英语塾中学习，何礼之（元老院议员、翻译家）、副岛种臣（枢密院副议长）、大山岩（陆军元帅）、前岛密（日本邮政之父）、陆奥宗光（外务大臣）等一众新政府中的洋务派官员也都曾是韦门弟子，就连岩仓具视的两个儿子岩仓具定和岩仓具经也曾在他的"致远馆"学习英语。奇诺·韦贝克简直就是日本政要的"新东方教父"，他说话学生们是信服的。

1871 年秋天，新政府开始构思派遣使节团的人选。此时距离戊辰战争终结仅两年，距离实施废藩置县的千年大改革仅两个月，日本国内矛盾

---

① W.E.Griffis 著，村濑寿代编译：《日本的韦贝克 新译考证 无国籍的传教士韦贝克的生涯》，洋学堂书店 2003 年版，第 189 页。

重重、叛乱频起。在这种时候，日本政府居然要派遣一半以上的政府首脑长期出访，实在是负有重大的历史使命。首先，使节团要向全世界宣告日本的新生。德川幕府曾与美国、英国、法国、比利时、荷兰、普鲁士、俄国、丹麦、瑞典、意大利、奥地利、瑞士、西班牙、葡萄牙等共计14个国家签署过友好条约，新政府的使节团计划遍访这些国家，将明治天皇的国书递交给缔约国的首脑，正式宣布日本的统治权已经从德川家族的手中回到天皇治下。其次，使节团准备全方位考察西方文明，为新日本的发展建设规划蓝图。奇诺·韦贝克一再强调要尽可能多地让政府首脑参加使节团。他说，百闻不如一见，不是听取部下的汇报而是亲身参与，并在考察期间不断思考和总结，决策者才有可能在今后的国策蓝图规划中力排众议砥砺前行。①

明治新政府在1871年7月实施了"废藩置县"的大改革，废除了日本实施近千年的分封制，将所有权力收归中央政府，褫夺了各藩国领主对采邑和属民的支配权。虽然在新政府强大的军事威慑力下日本各地还没有出现大乱子，但是暗地里反对这项改革的大有人在。西乡隆盛和大久保利通的前东家岛津久光就是其中的代表，他逢人就讲受到了大久保利通的蒙蔽和欺骗，在鹿儿岛的藩邸中彻夜纵酒狂欢燃放烟花以排泄心中的怨气。面对暗流汹涌的政局，新政府的首脑们不得不精心权衡出访与看守国内大本营的人选。几番商议后的结果是，以右大臣岩仓具视为正使、参议木户孝允、大藏卿大久保利通、工部大辅伊藤博文、外务少辅山口尚芳为副使率团出访。日本国内由太政大臣三条实美和参议西乡隆盛、板垣退助、大隈重信以及大藏大辅井上馨等人组成留守政府，处理废藩置县的未完事

---

① W.E.Griffis 著，村濑寿代编译：《日本的韦贝克 新译考证 无国籍的传教士韦贝克的生涯》，洋学堂书店 2003 年版，第 211 页。

务。西乡隆盛对行政事务并不热心，但是由他率领"御亲兵"掌控形势，会对不满分子形成足够的威慑力（上文提到的岛津久光就与西乡隆盛长期不合，且对西乡隆盛颇有畏惧）。

为保持政局稳定，出访组与留守组约定：留守政府只负责维持现状，所有重大变革均须等出访要员回国后再议。

三、使节团的超级豪华阵容

在国际交往中，政府首脑的外交出访司空见惯。然而，在一个使节团中包含了政府最高决策层的近半数成员则非同小可。被任命为"特命全权大使"的岩仓具视出身京都的公卿世家，在明治新政府的官员品轶中位列第二，仅次于太政大臣三条实美。三条实美在幕末的动荡期中长期隐居在九州太宰府避祸，虽然名高望重但建树寥寥。岩仓具视不仅全程参与了打倒德川政权的谋划，而且奇计频出厥功至伟。与三条实美的"名誉总裁"相比，岩仓具视在新政府内把握着更多的权力和人脉。考察团共有四位"特命全权副使"，其中出身长州藩的木户孝允与出身萨摩藩的大久保利通和西乡隆盛一起，被称为"明治三杰"。他们是打倒德川政权的主要推手，也是新政府的决策核心。在韦贝克的建议下，他们决定暂时搁置政务出洋考察。另外两位副使是伊藤博文和山口尚芳，他们是新生代官僚的代表。31岁的伊藤博文早年留学英国，是典型的少壮洋务派；任外务少辅的山口尚芳33岁，虽然没有海外留学经验，但少年时就被藩主派到长崎学习荷兰语，之后跟随奇诺·韦贝克学习英语，归藩后担任翻译和练兵官，也是术业有专攻的洋务派。

使节团中还包括了政府各职能部门派出的人数众多的调查专员。其中有司法部专员14名、文部省专员6名、主管金融和税收的大藏省专员13名、工部省专员4名、兵部专员7名。连负责皇室典范的宫内厅也派出了4名调查专员，准备研究欧洲各国的宫廷礼仪，使日本皇室典范与国际接轨。使节团成员信息见表1-1。

表1-1 使节团成员信息

职务	姓名	年龄	国内任职	出身地	后期成就
特命全权大使	岩仓具视	47	右大臣	京都公卿	代理太政大臣、华族会馆馆长
特命全权副使	木户孝允	39	参议	长州藩	地方官会议议长、内阁顾问
特命全权副使	大久保利通	42	大藏卿	萨摩藩	内务卿
特命全权副使	伊藤博文	31	工部大辅	长州藩	内阁总理（四任）、枢密院议长、韩国总监
特命全权副使	山口尚芳	33	外务少辅	佐贺藩	会计检查院长、高等法院大法官
一等书记官	田边太一	41	外部少丞	幕臣	清国代理公使、元老院议官
一等书记官	盐田三郎	29	外务大记	幕臣	参议院议官、清国特命全权公使
一等书记官	何礼之	32	文部少教授	幕臣	元老院议官、贵族院敕选议员
一等书记官	福地源一郎	31	大藏官	幕臣	《东京日日新闻》社长
二等书记官	渡边洪基	25	外务少记	越前藩	东京府知事、帝国大学（东京大学前身）校长
二等书记官	小松济治	24	外务七等官	会津藩	司法省民事局长
二等书记官	林董	22	外务七等官	佐仓藩	邮电大臣、外务大臣
二等书记官	长野桂次郎	29	外务七等官	幕臣	农商务省矿山主任、驻夏威夷移民督查官
二等书记官	川路宽堂	28	外务七等官	幕臣	大藏权少丞、淡路高等女子学校校长
二等书记官	栗本贞次郎	33	—	幕臣	元老院事务局、外务省事务局
三等书记官	畠山义成	30		萨摩藩	东京开成学校（东京大学前身）校长、东京博物馆馆长
三等书记官	吉原重俊	27	—	萨摩藩	租税局长兼关税局长、日本银行总裁
三等书记官	新岛襄	29	—	安中藩	同志社大学创始人
四等书记官	安藤太郎	26	外务大录	鸟羽藩	驻上海总领事、农商务省商工局长

续表

职务	姓名	年龄	国内任职	出身地	后期成就
四等书记官	池田宽治	26	文部大助教	幕臣	驻天津领事、长崎税关长
四等书记官	市川文吉	25	—	广岛藩	外务省专员、东京外国语学校俄语教授
大使随员	安场保和	37	大藏省租税主管	熊本藩	爱知县知事、福冈县知事、贵族院敕选议员
大使随员	五辻安仲	27	宫内厅侍从	京都公卿	华族局主事、爵位局次官
大使随员	野村靖	30	外务大记	长州藩	邮电大臣、枢密顾问官
大使随员	久米邦武	33	太政官署书记	佐贺藩	帝国大学文科教授
大使随员	中山信彬	30	兵库县代理知事	佐贺藩	大阪股票交易所总经理
大使随员	内海忠胜	29	神奈川县大参事	长州藩	贵族院敕选议员、内务大臣
大使随员	由利公正	43	东京府知事	越前藩	元老院议员、贵族院敕选议员
司法理事官	佐佐木高行	42	司法大辅	土佐藩	元老院副议长、工部卿
司法理事官随员	冈内重俊	30	中级法官	土佐藩	高等法院大法官、贵族院敕选议员
司法理事官随员	中野健明	28	中级法官	佐贺藩	大藏省关税局长、长崎县知事
司法理事官随员	平贺义质	46	中级法官	福冈藩	函馆法院院长
司法理事官随员	岸良兼养	35	中级法官	萨摩藩	司法少辅、元老院议员
司法理事官随员	河野敏镰	28	司法少丞兼检察长	土佐藩	内务大臣、司法大臣、农商务大臣、文部大臣
司法理事官随员	鹤田皓	37	中级法官	佐贺藩	商法编纂委员长、高等法院大法官
司法理事官随员	川路利良	38	大警视	萨摩藩	日本警视制度创始人、陆军少将
司法理事官随员	长野文炳	27	初级法官	高槻藩	最高法院法官
司法理事官随员	井上毅	29	司法书记官	熊本藩	法制局长、枢密院顾问官
司法理事官随员	名村泰藏	32	司法七等官	幕臣	最高法院院长、贵族院敕选议员
司法理事官随员	沼间守一	28	司法七等官	幕臣	自由党创立委员、东京府议会议长
司法理事官随员	益田克德	20	司法大录	幕臣	东京海上保险总经理、东京米谷交易所理事长
司法理事官随员	鸟居忠文	25	司法中录壬生藩前藩知事	壬生藩	驻夏威夷王国领事、贵族院议员
文部理事官	田中不二麿	27	文部大丞	尾张藩	司法大臣、枢密顾问官

续表

职务	姓名	年龄	国内任职	出身地	后期成就
文部理事官随员	长与专斋	34	文部中教授	大村藩	中央卫生会会长、宫中顾问官
文部理事官随员	今村和郎	26	文部中助教	土佐藩	行政法院评定官、贵族院敕选议员
文部理事官随员	近藤镇三	23	文部中助教	幕臣	最高法院检察官
文部理事官随员	中岛永元	28	文部七等官	佐贺藩	文部省参事官、贵族院敕选议员
文部理事官随员	内村良藏	23	文部九等官	米泽藩	东京外国语学校校长
大藏理事官	田中光现	29	大藏省户籍署署长	土佐藩	警视总监、宫内大臣
大藏理事官随员	若山仪一	32	大藏省组税署副署长	幕臣	太政官署秘书长兼农商务省秘书长
大藏理事官随员	由良守应	45	大藏省劝农署副署长	纪州藩	皇宫御马车专员
大藏理事官随员	杉山一成	29	大藏省检察署署长助理	幕臣	内务省副秘书长
大藏理事官随员	富田冬三	34	大藏省组税署署长助理	幕臣	农商务省工务局局长
大藏理事官随员	阿部潜	33	大藏省七等官	幕臣	经验铜矿及养蚕业
大藏理事官随员	冲守固	31	大藏省七等官	鸟取藩	贵族院敕选议员、大阪府知事
大藏理事官随员	长冈义之	32	组税署七等官	长州藩	会计检察院一部部长
大藏理事官随员	吉雄永昌	29	大藏省十一等官	幕臣	工部四等助理
大藏理事官随员	手岛精一	22	—	沼泽藩	东京高等工业学校校长、东京劝业博览会审查部部长
大藏理事官随员	大野直辅	34	—	德山藩	会计检察院第四部部长、文官考试委员会委员长
大藏理事官随员	狛林之助	24	—	福井藩	佐渡金矿局长
大藏理事官随员	岩山敬义	33	大藏省组税署署长助理	萨摩藩	元老院议官、宫崎县知事
宫内理事官	东久世通禧	39	侍从长	京都公卿	贵族院副议长、枢密院副议长
宫内理事官随员	村田新八	36	宫内大丞	萨摩藩	西南战争战死
宫内理事官随员	香川敬三	33	宫内少丞	水户藩	皇室礼仪委员长、枢密顾问官
宫内理事官随员	高辻修长	32	高辻家主	京都公卿	东宫侍从长、宫中顾问官
工部理事官	肥田滨五郎	42	造船局兼制造局局长	幕臣	海军机械总监、海军建造总监

职务	姓名	年龄	国内任职	出身地	后期成就
工部理事官随员	大岛高任	46	矿山局助理	盛冈藩	日本矿业会会长
工部理事官随员	瓜生震	19	铁道局助理	越前藩	火车制造公司总经理、日本兴业银行监事
工部理事官随员	野口富藏	31	—	会津藩	兵库县五等属官、外事专员
兵部理事官	山田显义	28	兵部大丞	长州藩	陆军中将、司法大臣
兵部理事官随员	原田一道	42	兵学大教授	鸭方藩	陆军少将、炮兵局长、贵族院议员
兵部理事官随员	太田德三郎	23	—	广岛藩	陆军中将、大阪炮兵工厂协办
兵部理事官随员	渡六之助	33	—	广岛藩	陆军省专员、贵族院敕选议员
兵部理事官随员	富永冬树	未知	无	幕臣	最高法院法官
兵部理事官随员	松村文亮	32	—	佐贺藩	海军春日舰舰长
兵部理事官随员	岩下长十郎	19	—	萨摩藩	—
立法院视察团员	西冈逾明	37	中议官	佐贺藩	高等法院法官、函馆上诉法院院长
立法院视察团员	小室信夫	33	少议官	宫津藩	共同运输公司创始人、贵族院敕选议员
立法院视察团员	高崎正风	36	少议官	萨摩藩	枢密顾问官、国学院院长
立法院视察团员	铃木贯一	29	法国公使馆书记官	彦根藩	滋贺育儿园创始人
立法院视察团员	安川繁成	33	少议官	棚仓藩	会计检察院第二部部长、众议院议员

这是一份稍显冗长的名单，但只要看看使节团成员日后的成就，我们就可以在第一时间感知到这次考察对日本的政界、司法界、学术界甚至商界，起到了何等重要的作用。

岩仓使节团是以政府决策层为核心，以年轻的精英官僚为主要成员的考察团，这个考察团是日本明治维新的出发点，是日本近代产业革命的起爆剂。它给日本带来脱胎换骨的变化，对日本国运影响之深远是毋庸置疑的。因此我们可以断言，没有岩仓使节团的出访，就没有今天的日本。

四、考察成功的关键

使节团一行对西洋近代知识的吸收、理解以及去芜存菁的运用，之所以能够忠实地体现在明治维新的产业政策中，笔者以为有两大重要因素值得关注。第一，使节团成员位高权重，是日本国政方针的"决策者"而不是"献策者"。岩仓具视、木户孝允和大久保利通三人在考察途中的所思所想可以准确地反映到政策制定中，既无需花费时间争取上司的首肯，也无需妥协和迁就执行层内部的不同意见，这使得他们的政策得以准确快速实施。第二，使节团成员年纪轻、锐气足，没有成见和历史包袱。使节团出访时大使岩仓具视47岁，是整个使节团中最年长的。最年轻的成员是工部省铁道司派出的调查员瓜生震，年仅19岁。使节团和考察团的全体成员平均年龄只有31岁。年轻是学习的优势，不仅有精力学习和吸收大量的新知识，而且不受旧规则条条框框的约束，无论多么破天荒的计划，年轻人都有勇气和精力去实施。

除外交官和各部调查员外，使节团的另一个重要构成是人数众多的留学生。让人惊愕的是，留学生中包含有日本旧藩国中很重要的几个领主：福冈藩前藩主黑田长知、佐贺藩前藩主锅岛直大，长府藩前藩主毛利元敏、大村藩前藩主大村纯熙，以及日本诸藩中领地最大的加贺藩主嫡长子前田利嗣。这些诸侯大都属于幕末时期的倒幕派，或者是倒幕派的同情者。他们积极参与了新政府的建立，虽然在废藩置县的改革中他们被新政府拿走了祖传的采邑，但是这些诸侯领主依然坚定地站在新政府这一边。他们能够主动请缨申请留学，一方面是为新政府的对外开放政策站脚助威，另一方面有鼓励领地内的旧属臣们积极学习西洋知识的"劝学"意味在里面。他们的举动对地方产业结构和知识结构的调整发挥了巨大的促进作用。

与威风凛凛随从势众的"大名"①领主相比，留学生阵营中的几个垂髫总角的小孩子更加引人关注。大久保利通的两个儿子，13岁的大久保利和与11岁的牧野伸显②都随团出行并准备留在美国学习。木户孝允子嗣艰难，但他还是带上了过继来的养嗣子——年仅11岁的木户正二郎，准备让他在英国学习。山口尚芳甚至带上了年仅9岁的儿子山口俊太郎，打算把他留在英国。岩仓具视的两个亲儿子已经于一年前去了美国的罗格斯大学（Rutgers University）学习，所以他随行只带了一个上门女婿作为随身侍从。伊藤博文这时还没有儿子，否则大概率也会带上。这些小留学生们过于稚拙，而且他们的父亲都是明治政府中位高权重的大人物，把这些孩子留在欧美学习，恍惚间竟会让人产生"遣子入质"的唏嘘。父辈们考察、子侄辈留学，看来，日本政要们在开放门户引进西学这一点上已经是破釜沉舟有进无退了。

最惹眼的还是留学生中那5名年幼的女孩子：16岁的上田悌子、15岁的吉益亮子、12岁的山川舍松、11岁的永井繁子和8岁的津田梅子。这几个年幼的女孩子背负着为日本女性开拓视野、带来启蒙教育的重大使命。年龄最小的津田梅子在美国学习十年后回到日本，在日本第一所贵族女子私塾教授英语。其后再次赴美留学，在布林茅尔学院（Bryn Mawr College）师从诺贝尔奖得主托马斯·亨特·摩尔根（Thomas Hunt Morgan）学习生物学。1892年，津田梅子再次回到日本从事女子教育，

---

① 这是江户时代对藩国领主的称谓。

② 牧野伸显，大久保利通次子，过继给牧野吉之丞做养子。

开设"女子英学塾"①，向贵族以外的平民女性敞开了学校的大门。鉴于津田梅子在普及平民教育上的巨大贡献，将于2024年开始发行的新版面值5000日元纸币采用了她的头像。

五、时间超长的巡访和考察

岩仓使节团出访的时间之长，在日本外交史上前无古人后无来者。原计划出访10个月的使节团，因种种原因耽搁，最终的行程竟然长达1年零10个月。

1871年12月23日，岩仓使节团带着日本政要和他们的子侄，带着旧领主对新世纪的憧憬，带着日本国民对近代化的希望，出发前往美国。太政大臣三条实美亲自送行，并致辞说：

"今大政维新，图与海外各国并立之时，诸卿奉使命行万里绝域，外交内治之大业可否成就，全在此举，实堪称大任也。大使具天然之英姿，为中兴之元勋。所属诸卿皆国家柱石，所率官员亦一时之俊秀。望各奉钦旨，同心协力，各尽其职。我知诸卿之奏功不远矣。此行乘火轮、坐火车，驱驰万里，必扬名于四方。仅祈无恙归朝。"②

1872年1月1日，使节团乘坐的美利坚号跨过国际日期变更线，并于1月15日抵达美国的旧金山。此后的半个月时间，使节团参观考察了旧金山、萨克拉门托等西海岸城市，于2月4日乘火车，经由盐湖城前往芝加哥。在芝加哥稍作停留后，使节团一行在2月29日抵达华盛顿。为取

---

① 现"津田塾大学"。
② 皇后宫职：《岩仓公实记》下卷，日本印刷局1906年刊行，第944页。

得修改条约所必需的全权委任状，大久保利通和伊藤博文返回日本，而使节团的其他成员则以东海岸的华盛顿、纽约和波士顿为中心进行了长达5个月的参观和考察。

8月6日，在与重新回到美国的大久保和伊藤汇合后，使节团乘船前往欧洲，并于8月17日抵达伦敦，在驻日公使巴夏礼的安排下，使节团对英国的港口、铁路和军事设施以及各地的产业进行了详尽的考察，停留时间长达4个月。

12月16日一早，使节团在多佛乘船，于中午左右抵达法国加来，并在当天傍晚入住巴黎的酒店。在法国度过圣诞节和元旦假期后，使节团于1873年2月19日前往布鲁塞尔，之后便开始了跑马观花一般的紧张行程。2月24日抵达布鲁塞尔、3月7日抵达德国埃森、3月9日抵达柏林、3月30日进入圣彼得堡。大概是对于俄国的军事和工业兴趣寥寥，使节团并未停留过多时间，于4月6日返回德国汉堡。之后开始对北欧的访问：4月18日哥本哈根、4月24日斯德哥尔摩、5月1日再次返回汉堡。5月3日法兰克福、5月5日慕尼黑。5月9日使节团一行抵达意大利。佛罗伦萨、罗马、卡塞塔，意大利的名胜让人流连忘返，使节团直到6月1日才依依不舍地离开威尼斯，经由的里雅斯特前往维也纳。也许是陶醉于交响乐和歌剧，使节团在维也纳停留了15天，之后乘坐火车来到阿尔卑斯山北麓，于6月20日抵达瑞士伯尔尼。在访问了卢塞恩和日内瓦后，使节团于7月15日抵达里昂，18日下榻马赛。7月22日，使节团乘上了由马赛出港的邮轮阿维阿号启程回国。邮轮驶过地中海、苏伊士运河，经由红海进入亚丁湾。之后经斯里兰卡、新加坡和中国香港、上海，于9月13日回到日本横滨。全程630天。

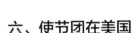
六、使节团在美国

岩仓使节团携带的"国书"①中明确提出了使节团出访的目的：一是与缔约各国"修聘问之礼，厚亲好之谊"；二是查"各国之定法成规，并以其为标准修正日本国内与国际公法相违背的制度"。

宣告日本政权的交替是出访的最优先事项。德川幕府已经倒台、日本政府已经变为明治天皇治下，这一改变必须由使节团亲自向国际社会明示。而调查"各国之定法成规"是此行的重中之重。以国际法为基准修订日本的国内法是明治政府改革的大方向，表明了日本政府准备向欧美看齐的态度，显示了日本准备加入列强的企图。当然，日本人也清楚欧美各国的制度与司法体系各有不同，即使下决心模仿对方也不可能囫囵吞枣。因此，各职能部门派遣的调查员将针对不同的专业领域对欧美各国的实情进行调研、分析利弊、舍短取长，为日本打造出一套既符合国际法又适应本国国情的法律体系。

幕末率先叩关、打破日本锁国铁壁的是美国。因此，岩仓使节团出访的第一站就选择了美国。此时是美国结束南北战争后的第6年，经济复苏产业发展，形势一片大好。这个时代的美国人朝气蓬勃、热情好客，从古老的东方神秘之国而来的日本使节团受到了大大超出想象的热烈欢迎。使节团抵达旧金山后，旧金山市长、美国海陆军的将领以及驻在旧金山的各国领事纷纷前往使节团下榻的酒店拜访，并为使节团安排了一场盛大的阅兵式。同时，大量旧金山市民自发地聚集到酒店前，庆祝使节团的来访，使日本人心潮澎湃、激动不已。此后，使节团在美国的每一座城市都受到了热情的欢迎，处处是欢呼和宴会。1872年2月29日，在乘坐横跨

---

① 《大使全书》第十一号。日本国立公文书馆藏内阁公文影印本。

美洲大陆的火车抵达华盛顿后，使节团更是受到以格兰特总统为首的美国政要的热烈欢迎。华盛顿特区连日举办大型宴会和舞会款待使节团，每一场都是高朋满座、贵宾如云。美国人一半好奇心一半虚荣心的热情让使节团诸公产生了误会，以为美国人真的对日本拥有"兄弟之情"[1]，遂要求就1856年签署的《日美友好通商条约》中日本人认为于己不利的条约[2]进行修订。因为使节团出发前并没有对修约事宜作具体规划，故此没有携带授权修约的委任状，美国方面以此为理由拒绝了日本人的谈判请求。这明明是美国人拒绝修约的借口，但是执着的日本人并没有体会其中的深意，竟然决定派大久保利通和伊藤博文回国申请修约的授权。两人于3月20日离开华盛顿，等到他们带着委任状再次抵达旧金山的时候，已经是7月14日了。在这四个月中，岩仓具视和木户孝允带领使节团的其他成员在美国政府的安排下游历纽约、费城和波士顿等地，参观了美国海军造船厂、财务部造币局、海军以及陆军的军官学校、枪炮工厂等，对美国的经济、政治、文化教育以及工业建设进行了充分的考察。使节团上上下下一方面对美国产业的发达感慨万千，另一方面惊讶于美国的国土广大、资源富饶。作为"随从记录员"参与了使节团全程考察的久米邦武如此写道："美国奉行欧洲之文化，从欧洲带来独立的精神及大量的产业资本。欧洲全域颇多苦寒之地，其文化昌盛的地域不及1/3。欧洲的王公、贵族、富商和大企业，各自把持其土地、财产和利权，并依据各地的古老传统统治社会，后起之秀很难在欧洲实现自主自立。于是众人汇集自由之地以作经营。此处国亦新创、地亦新开，而国民大多为新来的移民。欧洲最富于自由精神的人多聚集到这个国家，加之其土地广沃资源丰沛，鼓励开拓事业，其政

---

① 美国首任驻日公使汤森特·哈里斯在劝说日本与美国签署贸易协定时曾多次强调美国对日本有"兄弟之情"。

② 这里指有关外国人的治外法权及进口关税的税率。

策之宽大包容世界无出其右者。此所以美国之成为美国者也。"[1]

久米邦武对美国的分析极为准确和清晰，在羡慕中似乎还带有一丝无以言表的遗憾：美国之所以称为美国，有其特殊的历史背景和地理条件，想模仿是很难的。要寻找西方文明的源泉，还是要去欧洲。

七、使节团在英国

1872年8月6日，岩仓使节团离开波士顿，乘坐奥林匹斯号邮轮横渡大西洋前往英国。当时的英国正处于维多利亚女王治下最辉煌、最繁荣的时代，被称为"日不落帝国"。英国的本土人口虽然只有3100万，但是其海外殖民地的总人口达到了2.4亿，是彼时当之无愧的世界霸主，而伦敦是全世界的贸易和金融中心，是拥有325万人口的超级大都会。可惜事有不巧，当使节团8月中旬抵达伦敦的时候，恰逢英国暑期休假，维多利亚女王及英国政府的首脑均不在伦敦，而是在英国的乡下及欧洲各地避暑，只好由回国度假的驻日公使巴夏礼（Sir Harry Smith Parkes）出面接待使节团。巴夏礼自1865年开始担任英国驻日公使，他当然知道岩仓、木户和大久保等人在日本政府中的分量。为了增进与日本的友谊，巴夏礼不遗余力疏通关节为使节团的考察大开绿灯。当时英国的军事力量世界第一，军事工业也是世界第一。日本的倒幕派曾在戊辰战争中大量使用英国产的阿姆斯特朗炮以及恩菲尔德步枪，对英国的军事工业赞不绝口。在巴夏礼的安排下，使节团首先参观了朴次茅斯的海军基地、周边的炮台以及海军造船厂。英国人毫无保留地向日本人开放了这些军事设施，并安排日

---

① 久米邦武：《特命全权大使欧美回览实记》第一卷，博文社1878年刊行，第395—396页。

本使节团参观了英国规模最大的伍尔维奇兵工厂。

之后，巴夏礼建议使节团周游英国。他认为使节团应该事无巨细地认真观察英国的一切，并以此为基础思考如何发展日本的工业。在解释英国工业革命成功的原因时，巴夏礼将英国与亚洲各国的地理及国情作了一个对比，他说："亚洲很多国家气候适宜物产丰富，国民得自然之所赐，不用过分努力即可维持生活，因此心生懈怠反而逐渐陷于贫困。英国自然条件不好，地处偏隅且土地贫瘠，国民无论如何努力劳作也难以获得足够的收获，迫于无奈才掘地三尺获得了煤矿和铁矿。有了煤矿和铁矿英国才能制造机械，最终以蒸汽之力振兴工业实现富强"[1]。

按照巴夏礼安排的行程，使节团于9月下旬前往利物浦。这是英国第二大城市，也是当时全世界贸易量最大的港口。使节团参观了利物浦的造船厂、港口设施和贸易仓库，目睹来自全世界的原材料和即将销往全世界的英国商品在吊车和传送带上往来输送。10月4日，使节团前往英国工业革命的发祥地曼彻斯特，参观了棉纺厂、毛纺厂和橡胶加工厂，并且饶有兴趣地参观了巡回法院和关押刑事犯的监狱。之后，使节团陆续走访格拉斯哥、纽卡斯尔、伯明翰以及切斯特等地，参观了煤矿、炼铁厂、兵工厂、啤酒厂以及地下矿盐采掘场等工业设施。一路上，使节团受到英国地方政要以及大贵族、大富商的热情接待，让这些来自东方的客人充分体验了英国式的贵族生活。

对于英国的考察，特别是近距离观察英国的工商业，让使节团成员感慨良多。大多数使节团成员认为英国在人口、国土面积以及地理环境方面与日本相似，相对于广袤的美洲大陆，英国的经验更加值得借鉴。采用英国的工商业模式以奠定日本发展的基础逐渐成为一种共识。久米邦武如

---

① 日本史籍协会：《大久保文书》第四卷，日本史籍协会1928年刊行，第449页。

此总结这次长达120天的英国考察："英国为商业之国，全体国民均着力于此，在全世界开展贸易，故英国之船舶通航五大洋。英国人购买各地的原材料运回本国，以煤炭机械之力，将其加工为工业产品后输出海外销售，以贸易之获利支撑三千万国民之生活。欧美诸国有志于工业者，其产品之原型必求于英国市场，而全世界从事农业生产者亦将产出卖给英国。此伦敦之成为世界第一之大市场也。"①

八、使节团在欧洲

12月16日，使节团一行离开英国，乘船渡过多佛海峡抵达加来，并在当天到达巴黎。在法国，使节团的考察重点发生了一些变化。日本人虽然一如既往地关心法国的军事设施，但是对于近代化工业已经失去了兴趣。或许是因为他们在英国已经看得太多，或许是法国政府自豪的领域与英国不同，在法国政府的安排下，使节团重点参观了公益性质的福利机构，并流连于法国的名胜古迹。法国人认为孤儿院、聋哑人收容所以及公营的惠民典当行是代表近代化都市文明的骄傲，所以全程安排日本人参观学习。至于名胜古迹，巴黎圣母院和凡尔赛宫是一定要去的，巴黎国立音乐学院和布洛涅森林公园也少不了要观瞻一下。对比伦敦的工商业发达，在使节团一行的眼中，巴黎是当之无愧的消费之都。"中央市场多珍玩奇器，凡奢靡之品风流之具，可谓聚金光玉华。商铺陈列售卖，酒馆餐厅杂陈其间。市场中央之方庭有绿荫遮盖，夜间则点燃气灯，照得四周百货店中光彩辉煌，如同被黄金之气所笼罩。……巴黎市中到处是酒馆、饭店、

① 久米邦武：《特命全权大使欧美回览实记》第二卷，博文社1878年刊行，第439页。

咖啡厅。树荫处常设席位，游客据案对饮。此外，剧院音乐厅处处可见，正所谓歌舞终日无戚容。"[1]如此奢靡的巴黎显然不是日本人要学习的对象，而法国的产业也明显不具有可效仿性："法国长于风流轻靡之工，尤以绘画、雕刻之韵致闻名，新奇之妙案频出。欧洲贵族所用之社交辞令、贵妇所佩之簪环衣饰皆以巴黎之所出为流行。巴黎实为欧洲之消费中心也。"[2]

离开巴黎后，使节团一路拜访比利时、荷兰，探寻弱小国家在强国环伺中保持独立、实现富强的方法。这种探寻最终在新生的德意志帝国找到了答案。日本下了狠心学习欧美，工商业发展的方向在英国找到了答案，但是立宪方向以及议会体制上以哪个国家为蓝本却难下定论。美国国土辽阔、资源丰沛，加之国体是当时颇为罕见的合众国，客观条件与日本相差悬殊。英国虽说地理条件与日本有相似之处而且也是君主制，但传统贵族的势力强大颇有左右政局的能力，这是准备建立统一的中央集权政府的岩仓、大久保等人不能接受的。法国天然条件很好，土地肥沃、物产丰富，以欧洲文明传承者的身份引领时尚，以促进消费而成就国家，日本即便想效仿也是心有余而力不足。与上述三个国家相比，德意志帝国是一个新生的、在欧洲稍显落后的国家。岩仓等人抵达德国时，距离威廉一世在凡尔赛宫登基为德意志皇帝才不过两年时间，而之前的普鲁士在欧洲列强中勉强挤入二流行列。然而，德国人的行事作风[3]以及弱国的后发优势，让考察团一行感到了极大的共鸣，让日本人看到了弱国追赶列强的希望。久米邦武记述说："普国人民多从事农牧业，全国半数以上之一千二百万

---

[1] 久米邦武：《特命全权大使欧美回览实记》第三卷，博文社 1878 年刊行，第 34 页。

[2] 久米邦武：《特命全权大使欧美回览实记》第三卷，博文社 1878 年刊行，第 37 页。

[3] 长期任驻德外交官的青木周藏说："普国人衣着朴素然身躯高大军容堂堂。其态度沉毅刚健，全无法国官兵之轻佻软弱。普国军官自出家门开始到归家为止，其军刀片刻不离其身，此又与法国军官相左而与我国武士相似。"

人以农业为生计。……普国虽然也与外国贸易，但其本质与英法两国为谋求市侩之利大不同也。普国之情形与我国有酷似之处，故研究此国之政治当优先于研究英法之制度。……此国在欧洲振兴国威，实有旭日东升之势。"

为了在远东地区建立德意志的桥头堡，铁血宰相俾斯麦极力笼络日本人，不仅盛宴款待，而且"掏心掏肺"诉说衷肠，让日本人既感动又震惊。俾斯麦在宴会上说："今日之世界以亲睦礼仪相交，全为表面现象。实则强弱相凌大小相侮。普国之贫弱众所皆知，我幼时目睹小国被欺凌之惨状至今耿耿难以忘怀。强国之所谓公法，表面声称是为保护诸国利益之典宪。然大国争利之时，公法对己有利则秉持公法寸步不让。当公法于己不利时，大国则悍然出兵保护利益，全无遵守公法之心。小国不敢越阃限，仅能以辞令申明公理以图保全自主之权利，实在勉为其难。……英法诸大国贪海外之属地，图物产之获利，擅动刀兵，诸小国苦其行为久已。欧洲外交之所谓亲睦之词实不足信，诸公万不可放弃对强国之警惕。我本小国出身，深知其中利害，奉劝诸公当不惧物议，以保全国家之主权为重中之重。今日之欧洲，欲与日本以亲睦之名相交之国虽众，然日耳曼民族最尊重国权自主，所以日本当以最亲睦之国家对待。"[1]

在处理与日本的外交冲突时，欧洲列强往往采取步调一致的行动，让日本人以为信奉基督教的欧美国家是志同道合的铁板一块，并将欧美人言必称之的"国际公法"奉为近代化的指路明灯。俾斯麦的这段话彻底粉碎了国际公法虚幻的假象，一语道破了欧洲国家间因大小强弱而形成的丛林法则。这种剖析对日本来说是振聋发聩的惊醒，让他们意识到只有强大自己，在富国强兵之后才能拥有立足国际社会的资本。俾斯麦的演讲以他

---

① 皇后宫职：《岩仓公实记》下，日本印刷局 1906 年刊行，第 1034 页。

直言不讳的坦诚博得了日本人的敬重,大久保利通在1872年明治五年七月十五日给西乡隆盛和吉井友实的信中盛赞俾斯麦是"宇内驰名的大前辈"①。

俾斯麦的话似乎使日本人找回些许自信心。他们在芝加哥和纽约看到了金光灿灿的繁荣,在伦敦和巴黎领略到了科技和都市文明的巅峰。即使是在欧洲被视为后进国家的比利时和德意志,其科技进步和文明开化的程度也是日本可望而不可即的。岩仓、木户和大久保等人对这种巨大的差异一直忧心忡忡,在欧洲期间,大久保甚至因忧虑过度而患上了斑秃。德国在欧洲崛起的事实意味着大声地宣布,即使是小国,只要能够卧薪尝胆、励精图治,总有机会战胜大国,与列强并驾齐驱。普法战争发生在戊辰战争的两年后,弱小的普鲁士战胜了强大的法国,并借此完成了德意志的统一,这无疑增强了日本人追赶列强的信心。然而从国际战略定位的角度看,俾斯麦宣称的丛林法则对日本产生了极其恶劣的影响,使他们简单地认为国与国之间的关系全部是"国际公法"掩盖下的弱肉强食。只要拥有强大的武力,就有资格侵扰四邻扩张海外殖民地。这种侵略色彩极其浓重的外交政策给亚洲的国家、甚至给日本自身都带来了严重的灾难。

九、大久保利通参加使节团的意义

大久保利通能够参加岩仓使节团,亲身参与到对西方文明的观察和思考中,这恐怕是岩仓使节团一系列成就中最重要的一件事。

西乡隆盛、木户孝允和大久保利通虽然合称"明治三杰",但其性格

---

① 日本史籍协会:《大久保文书》第四卷,日本史籍协会1928年刊行,第433页。

能力各异，在政治及军事领域的专长也各自不同。西乡隆盛是明治政府军队的灵魂，他擅长统兵却疏于政务，在殖产兴业和提高国家生产力方面从未涉足也拿不出什么高屋建瓴的计划。木户孝允是长州派的领袖，在长州系官员占领半壁江山的明治政府中，木户拥有巨大的影响力。然而，长州派官员的贪腐丑闻不断，木户的亲友及旧部又数次在长州发动叛乱，木户孝允一直被这些问题纠缠且健康状态不佳，直至1877年病逝，木户孝允在日本近代化殖产兴业方面并没有太多建树。至于使节团团长岩仓具视，他作为明治政府实质上的最高决策者，更关心国家的整体规划。在经济政策的具体实施上，岩仓基本保持垂拱而治的作风并不作过多干涉，这就给予了大久保利通大展拳脚的空间。大久保不仅是萨摩派系的核心领导者，同时得到了伊藤博文、井上馨等长州派系青年才俊的仰慕，主持明治政府的产业革新成为大久保利通责无旁贷的责任。

使节团抵达美国后，因修约问题，大久保利通和伊藤博文曾赶回日本申请天皇的委任状，所以他在美国停留的时间只有在旧金山的两周左右，顶多算是对欧洲考察的预习。对大久保影响最大的是他在英国停留123天的所闻所感。当时的英国正处于帝国光辉的鼎盛期，巨大的码头、兵工厂、钢铁厂和煤矿鳞次栉比，让大久保等人目不暇接。作为一个精明的行政官僚，大久保利通敏锐地发现了一个事实：英国企业众多，国营民营并存，大厂小厂同在。这些大大小小的企业在市场竞争的大原则下各自努力，形成一股合力，完成了英国的富强。大久保利通在1872年10月15日写给西乡隆盛和吉井友实的信中，介绍自己参观了利物浦造船厂、曼彻斯特棉花加工机械厂、格拉斯哥炼铁厂等超大规模的工厂，并在阿姆斯特朗炮发明者本人的引导下参观了纽卡斯尔的炼钢厂。大久保一面感叹英国工业的规模、机械的精密，一面说出了他对英国之所以成为经济强国的分析和总结："大小机械厂数量之多不胜枚举，此所以英国之强盛也。"①

在岩仓使节团出发前，日本政府一直提倡政府主导的产业革新。在英国的发现使大久保利通对国家经济整体规划中，国企和民企的作用以及关系作出了新的考量，这个思考在大久保回国后发展成为著名的"民力养成论"，促使大久保下决心将殖产兴业的政策转向鼓励民间企业。在1874年5月向政府提交的《有关殖产兴业的建议书》中，大久保断言："大凡国之强弱决定于民之贫富，而民之贫富则系于物产之多寡。物产之多寡则全部起因于人民是否勉力于工业生产。溯其根源，则取决于政府劝诱鼓励之力度。……劝业殖产之事，至今未见证其效，民产、国用日益减缩。此盖因人民智识未开，不能依据时势经营有益之事业，亦因政府官员之关注不足，提携劝导之力不够所致。我国土地富饶，人民亦非懒惰，然政府之岁入不过五千万，更遑论人民之富足，此政府之劝业全无效应之明证也。以国家人民为职责者，当深察尽虑，无论工业物产之利益或水陆运输之条件，总以保护人民为第一之紧要。制定符合风土民俗、适应民智性情的方法，使之成为今后行政之基轴，已成之事当勉力维系，未开之业当悉心诱导。英国亦一方之小国而，然其岛屿占港湾之便利，其土地富产矿物。故其官员以此天然之利为基础，以成就强国为集体之义务，君臣合力上下一心，以前所未有之航海法占尽天下漕运之优势，光大国内工业之振兴。……我国之地势及天然条件与英国相似，然我国人民气性薄弱。其薄弱之处须诱导督促，以增强国民之忍耐力。使其勤勉于工业生产。此庙堂执政担当者之义务。……当设一定之法规，兴劝业殖产之事，勿使一人怠其事业，勿使一民忧其所得，则国民之殷实富足可得也。人民富足则国势

---

① 日本史籍协会：《大久保文书》第四卷，日本史籍协会1928年刊行，第447页。

随之富强，此不必贤者亦可知也。其时，与诸国并驾齐驱亦非难事也。"[①]以政府兴劝业，以官员行督导，举国一致上下一心，完善法制殖产兴业，以实现国家和民众的富足。这封建议书可以算作大久保利通完成考察的结题报告。

从这封建议书发表的时间可以看出，距离大久保利通结束考察回到日本已经一年有余。之所以产生"空窗期"，是因为日本政坛发生了一次极其重大的变故。

十、"征韩论"和明治六年政变

在岩仓具视、木户孝允和大久保利通离开日本之时，曾与留守政府的三条实美和西乡隆盛约定：在使节团归国前不作重大的政策及人事调整。然而，日本国内因倒幕战争犒赏不公及废藩置县等问题矛盾重重、冲突不断。为了缓和国内的不满情绪，留守政府的一部分政要把目光转向海外，开始叫嚣征讨朝鲜，以转移国内民众的注意力。

1868年，明治政府向朝鲜派遣使者递交国书，宣布日本实施王政复古，政权已经回到天皇手中。朝鲜拒收国书，原因是日本的国书中使用了"皇"、"敕"等文字，朝鲜方面认为日本僭越，有违两国的对等关系。日本人对朝鲜早有野心，被"维新志士"奉为精神导师的长州藩士吉田松阴很早就提出过吞并朝鲜的主张。而木户孝允在得知朝鲜拒收国书后也指责朝鲜无礼，声称如果朝鲜一意孤行当兴师问罪。1870年和1872年，日本政府继续派遣使节，要求朝鲜接受国书，朝鲜政府一概拒绝。在媒体的夸

---

① 日本史籍协会：《大久保文书》第五卷，日本史籍协会1928年刊行，第561页。

大宣传下，日本国内物议沸腾，认为朝鲜政府过于傲慢无礼，要求出兵惩罚朝鲜的"征韩论"甚嚣尘上。西乡隆盛、板垣退助等留守政府的政要认为，对朝鲜发动战争能促使各派势力团结一致，对解决日本国内矛盾很有好处。几轮讨论后，西乡隆盛下决心亲自出使朝鲜。他打算想方设法激怒朝鲜人，最好是让朝鲜人杀死自己，以便为日本出兵朝鲜制造借口。

"征韩派"的一意孤行引发了留守政府内部的严重对立，三条实美虽然是政府的一把手，却无法抑制西乡等人的暴走，急忙向身处欧洲的木户孝允和大久保利通发出召回令，要求他们回国斡旋。接到三条实美的召回令后，大久保利通同意马上回国。而木户孝允则认为俄国与日本仅一海之隔，早已对日本虎视眈眈，70年前就发生过俄国军队侵扰北海道的"文化露寇①"事件，故此希望完成对俄国的考察后再回国。

1873年5月29日，大久保利通回到日本。他立刻发现留守政府违反"凡重大变更均等使节团回国后再议"的约定，对政府的职能部门进行了大规模的调整。此时板垣退助、江藤新平等人被任命为参议占据内阁席位，大久保利通几无立身之地。出身下级武士家庭一路披荆斩棘爬升到国家首脑位置的大久保利通对权力场中的倾轧手段谙熟于胸，他知道自己孤掌难鸣，所以决定暂时离开东京，去富士山下泡温泉。他要等待所有"演员"凑齐了再开戏。

木户孝允在7月底回到日本，他对留守政府的恣意妄为也深感不快。木户也是久经沙场权力游戏的老手，他作出了与大久保同样的选择：暂避锋芒，等待岩仓具视回国。

9月15日，回到日本的岩仓具视和伊藤博文发现，在政府"征韩派"

① 1804年俄国外交官尼古拉·雷扎诺夫（Nikolai Petrovich Rezanov）前往长崎交涉开港通商，不仅其通商的要求被拒绝还遭到幕府官吏的软禁。作为报复，雷扎诺夫的手下袭击了北海道、择捉、桦太等处的日本人居住点并袭击了幕府的地方武装。

的鼓吹和媒体的煽动下，征韩问题已经在日本全社会闹得沸沸扬扬不可抑制。伊藤博文在岩仓、木户和大久保之间联络奔走，寻求制止征韩的方案。终于等到内阁正式召开全体会议，大久保利通旗帜鲜明地提出"征韩不可"。他主管大藏省，深知政府财源紧张入不敷出，所以决定以"军费难以筹措"为由，阻止"征韩派"出兵。大久保首先强调国内局势不稳，对新政权心怀不满者鼓动暴乱，各地时有流血冲突发生，如果因为筹措出兵朝鲜的军费而加重课税或者增发货币，势必造成民间怨气暴增，其后果难以预测。其次，大久保强调外债难借。他指出如果战争爆发，必然要从外国进口军舰枪炮，国家财政难以负担。日本已有外债500万之多，若增借外债，不知何时才能偿还。最后大久保断言，一旦战争爆发，日本国内的近代化建设必然严重受阻，追赶列强的梦想终将烟消云散。①

　　大久保利通的主张条理清晰、逻辑严谨，"征韩派"难以反驳。岩仓具视和木户孝允也都希望日本专心发展经济建设，反对在境外开展军事行动，坚定地支持大久保的主张。一意孤行的西乡隆盛不惜以自杀相威胁，坚决要求出使朝鲜，而大久保利通则提出辞职，并给子女留下遗书以防不测。事情越闹越僵，三条实美不堪忍受巨大的精神压力，引发心梗倒地不起无法主持会议。根据太政官制的原则，由岩仓具视代理太政大臣。岩仓具视最善权谋，是钩心斗角的权力场上天下一品的俊才，他知道明治天皇喜爱西乡隆盛的为人，以"西乡出使朝鲜可能会遭杀害"为由说服明治天皇，阻止了西乡隆盛出使朝鲜的计划。圣裁既出，西乡隆盛无可奈何只好辞职求去。与西乡同进退的，不仅有"征韩派"的高官，如参议板垣退助、司法卿江藤新平、左院议长后藤象二郎以及外务卿副岛种臣，还有

① 佐佐木克：《明治六年政变与大久保利通》，奈良大学史学会《奈良史学》2010年第28号，第33页。

600余名在政府和军队任职的精英官吏。"征韩派"全部退出政府中枢，大久保利通重新掌握了权力。自此，西乡隆盛与大久保利通这一对自幼比邻而居一起长大的朋友天各一方，直至1877年在鹿儿岛发生叛乱，西乡隆盛兵败自裁，这两个前期的盟友、后期的政敌再也没有见过面。

十一、大久保利通独裁体制下的殖产兴业

重新掌握政权后，大久保利通于1873年11月组建了一个新的政府职能部门：内务省，并任内务卿。内务省虽然是以"殖产兴业"为名义而创建的，但是它的权力极大，远超同级别的职能部门。为了确保产业计划的实施，大久保利通从大藏省划拨了劝业、户籍、邮递、土木、地理5个局，从工部省调拨了测量司，以此为基础组建内务省。为了增强内务省的权威，大久保竟然从司法省调拨了负责全国治安的警保局归入内务省。其后，内务省更是接管了卫生、出版、宗教管理等职能部门，并于1877年成立了监督地方政府的地方局。至此，内务省的职权不仅涵盖日本国民从日常生活到公共事业的全部领域，同时拥有对出版、言论和集会的取缔权，甚至拥有对地方政府以及宗教和政党的监督权，是个名副其实的"小政府"。这种现象被日本媒体指责为"有司专制"，或者更加直白地批评为"大久保独裁"。在拥有强大权限的内务省主导下，大久保利通的殖产兴业计划完全不受其他机构的掣肘，得以顺利实施。

1878年3月，大久保利通发表《全国殖产及华族、士族授产》议案[①]，提出对日本的产业机构实施大改革的整体计划。他指出，要增强国力

---

① 日本史籍协会：《大久保文书》第九卷，日本史籍协会1928年刊行，第39页。

必先改良日本旧有的物产制造体系，在保障民族产业稳定的基础上增强民间产业的实力。他希望拥有大量资产的华族（旧藩主阶级）对新兴产业积极提供资本，同时要求失去世袭俸禄的武士参与新边疆的开拓事业。在鼓励民间资本的同时，大久保发行"创业国债"，准备了相当于今天2兆亿日元的资金，专门用于推动殖产兴业。日本有实力的旧商家对新兴产业不接纳不认可，大久保就启动自有资金进行基础建设，等到经营进入正轨、企业开始实现利润后，自然会有大量的民间资本跟进。在大久保的规划中，对国家实力影响重大的铁路、港口、造船和矿山建设是最优先项目，此外，能够扼制进口并有希望行销海外的缫丝和纺织也是政府的重点投资领域。三池煤矿、八幡制铁所、深川水泥厂、品川硝子、长崎造船所、富冈制丝场、爱知纺织所等"国营模范工场"都是在大久保主政期间开设的。其采用的先进技术和完全效仿欧美的经营模式给日本工商业带来天翻地覆的变化。这些模范工场后来大多被折价卖给民营企业，成为三菱、三井等大财阀门下的主力企业。

在技术方面，大久保利通选择高薪聘请外国专家指导日本的产业建设。也许大久保早已认定，不可能在旦夕之间获取欧美产业技术的核心知识，与其派人学习和模仿，不如直接将专家请到日本，在指导基础建设的同时传道授业。这个假设可以解释为什么工部只派遣了4名调查员跟随使节团出访。1874年，大久保利通设立内务省后开始扩大招聘外国专家的规模，在学校及政府各部门工作的外国专家人数多达524人。大久保允诺的高薪也不是说说就算，而是真的非常高。当时，日本政府官员里工资最高的是太政大臣三条实美，月薪800日元，第二名岩仓具视的月薪是600日元。而此时日本政府聘用的外国专家中，月薪超过三条实美的有10人，超过岩仓具视的有15人，每个月支付给外国专家的工资总额达到了116211日元,竟然占到了政府预算的9%以上。[①]其中月薪最高的是担任造币总长的退役英国陆军少校托马斯·肯德尔(Thomas William Kinder),他的月薪是1045日元,而大久保利通的月薪仅为他的一半。

在投入大量资金拓展工商业的同时,大久保并没有忘记日本农村的建设。他成立内务省劝农局,以国营资本开设农校和育种场,对农具、种子和苗木进行引进和改良并免费发放给农家,改变在江户时代因幕府强制规定而形成的仅种植水稻的单一农业模式。此外,劝农局通过举办展销会和评审会等方式,推行"一地一名优"计划,倡导农产品建立品牌意识。这是日本许多农产品至今享誉海外的发源之所在。

大久保的商业头脑极其敏锐,他深知搞新兴产业不能闭门造车,而是要把技术"引进来",把产品"卖出去"。在这个问题上,大久保特别重视商业博览会。他不仅要求内务省积极组织日本企业参加海外的博览会,而且积极在日本国内组织劝业博览会,第一届劝业博览会预定在1877年8月举办,会场是东京的上野公园。这一年,西乡隆盛在鹿儿岛起兵叛乱,率领3万大军攻入熊本和宫崎。政府军派出8万人征讨,两军在九州地区打得你死我活。大久保利通全然不顾战争的干扰,执意按照预定期限举办博览会。大久保的坚持似乎在向日本民众宣传政府军必胜的信心。博览会如期举办了整整100天,入场人数达45万人次。之后劝业博览会成为推广日本品牌、带动技术革新的窗口。

大久保利通对日本近代产业革命厥功至伟是毋庸置疑的,而参与岩仓使节团对他的改变也有目共睹。曾经数次出任大藏大臣、被大久保利通依为膀臂的渡边国武在怀念大久保利通时说:"依我看,大久保公的生涯应该分为两个阶段。从幕末到陪同岩仓公巡游欧美是第一阶段,此间大久

---

① 1873年日本政府决算为1515万日元。

保公的理想是统一全国的政权、兵权和利权，以恢复中央集权下的国家统一为重要目的。巡访欧美，结束以探求其富强的原因考察回国后，开始了大久保公生涯的第二阶段。他认为在世界上建立独立的国家，富国强兵自不待言，而富国强兵必从殖产兴业入手，必须稳扎稳打。大久保公曾大彻大悟地说，建国大业非口舌之辩可以成就；非投机取巧可以成就；非威胁恐吓可以成就；亦非权谋术数可以成就。稳扎稳打推行殖产兴业政策是大久保公人生的第二个阶段。"[1]

曾在大藏省任职的安场保和回忆说："明治六年五月，大久保公从欧美巡游回国时，我正任爱知县令，急忙从爱知赶到东京去见他。让我惊讶的是，经历了欧洲巡游的大久保公，其性格有了明显的变化。原来的大久保公以冷峻沉毅不苟言笑著称，结束巡游后竟然能主动说笑话，其见识也大异以往。只重大事不拘小节的大久保公为了推行殖产兴业，必须事无巨细全盘策划。无论教育、殖产、工业、贸易、航海全在他的推奖计划之中。"[2]

大久保利通在日本近代建设中的位置不可取代，岩仓考察团出访的最大成就，可能就是塑造了一个全新的、为了殖产兴业而舍身奋勇的大久保利通。

① 胜田孙弥：《甲东逸话》，富山房 1928 年版，第 239 页。
② 胜田孙弥：《甲东逸话》，富山房 1928 年版，第 129 页。

第二章
明治维新产业革命的指路明灯 ——
万国博览会

在日本明治维新的产业近代化进程中，博览会是一盏无可替代的指路明灯。

日本在明治前后参与博览会有两个阶段，第一阶段是对伦敦和巴黎等地举办的万国博览会组织参观、参展；第二阶段是效仿万国博览会，在日本举办"内国劝业博览会"。参观万国博览会，使日本了解到最先进的科技成果，找到了学习和效仿的样板。毋庸置疑，正是万国博览会为日本的产业近代化指明了发展方向。同时，参展团在博览会现场陈列和销售具有日本风情的展品，使日本获得了来之不易的外汇收入，而且成功推广了日本的国家形象。

在学习了海外博览会的成功经验后，日本开始尝试在国内举办博览会。1877年，日本举办了第一届国内劝业博览会，组委会对展品进行了严格的筛选。从这个意义上讲，博览会激励了企业之间的竞争意识，推动了日本各行业产品制造的标准化。此外，博览会鼓励日本国内科学家发明创造，打造产品的品牌意识，完善了对专利和设计知识产权的保护，并积极普及和推广有关领域的专业知识，为日本产业近代化提供了充足的养分。

一、日本与万国博览会的邂逅

万国博览会，也就是如今广为人知的"世界博览会"起源于1851年的英国，是由维多利亚女王的丈夫阿尔伯特亲王亲自主办的。这届博览会的正式名称是万国工业博览会（The Great Exhibition of the Works of Industry of All Nations），因为主展馆是一座长约563米，宽约138米的巨大玻璃展厅，所以又被称为"水晶宫博览会"。此时正值英国工业革命的鼎盛期，为了展示工业实力，英国决定举办一场超大规模的国际博览会。组委会邀请了34个国家参加，征集的展品包罗万象。展厅内设置了以矿物和化学药品为主的原料展区、以制造设备、土木工程为主的机械展区、以玻璃、陶制品为主的工艺品展区和美术专项展区。组委会特意开设了一条通向主会场海德公园会场的铁路轨道，并通过大量印刷宣传品对博览会进行宣传。在141天的展期内，共吸引了来自世界各地的观众多达604万名。这届博览会成为日后其他国家举办万国博览会所效仿的对象。

万国工业博览会盈利高达186000英镑。组委会在博览会结束后成立了科学与艺术部门，利用这笔资金陆续建立了南肯辛顿博物馆、科学与地理博物馆、皇家科学学院、皇家矿业学院以及皇家艺术学院等诸多教育设施，很大程度上提高了英国自然科学教育的质量，对提升英国的制造业水平也产生了重大影响。

日本人与博览会的第一次邂逅是在1862年举办的伦敦万国博览会。自1853年美国海军准将佩里敲开了日本锁国的铁幕后，德川幕府陆续与美、英、法、荷兰等国签署了贸易协定，约定了横滨、兵库、大阪等地的开港通商。但是日本国内攘夷论调日益高涨，袭击外国人的事件时有发生，幕府担心按照约定时间开放港口会引发进一步的军事冲突，决定派遣使节团前往欧洲，与缔约各国协调开放港口日期的后延。以竹内保德为首的共计38名使节团员于1862年4月30日抵达伦敦，第二天即作为嘉宾出席了第二届伦敦博览会的开幕式，身着和服的使节团成员立刻引发了观众的轰动。在与英国政府谈判期间，使节团成员多次走访博览会，对展出的机械产品表现出了极大的兴趣。时年27岁，后来成为著名教育家和思想家的福泽谕吉是随团翻译，他在《西洋事情》中详细记述了博览会的盛况，并将英文"Exhibition"翻译为"博览会"。

虽然使节团并没有正式参展的准备，但来自日本的产品还是出现在展会中。第1任英国驻日公使阿礼国（Rutherford Alcock）在驻日期间收集了大量工艺品带回英国，并主动提供他的收藏参展，其中不仅有漆器和刀剑等精致的工艺品，还包括了蓑衣、提灯甚至是草鞋等生活用品。异国风情赢得了参观者的瞩目，好面子的使节团成员却不以为然。随员渊边德藏认为阿礼国的收藏"全是破烂的古董和杂物，不该展出这些粗制滥造的东西"。①

这一届博览会虽然在规模和观众人数上超过了上一届，但是受印度

---

① 大冢武松：《遣外使节日记纂辑》第三卷，本史籍协会1927年版，第51页。

暴动、克里米亚战争等因素的影响，博览会的轰动效果明显低于组委会的预期。不过，亨利·贝斯麦（Henry Bessmer）发明的转炉炼钢法以及查尔斯·巴贝奇（Charles Babbage）研发的机械计算器等科技发明得以在博览会亮相，提高了全世界产业界对新科技的关注。

二、日本组团参展巴黎万国博览会

日本正式参展万国博览会是在1867年的巴黎万国博览会。为了彰显第二帝国的荣光，更是为了挑战老对手英国，法国皇帝拿破仑三世准备举办第二届巴黎万国博览会。他下令在巴黎中心区的战神广场建造一个以中央温室为中心的巨大椭圆形会场，不仅展示了欧美各国的工业、科技和艺术成就，并首次在会场增设了游乐设施、商店及餐厅，为今后的游园型世博会打造了可效仿的榜样。这次巴黎博览会吸引了全欧洲的观众，仅仅是买票进入的参观者就远远高于伦敦万国博览会的观众人数。很多我们现在熟知的公司均在这次博览会上崭露头角，西门子公司在这次的展会中展示了电动机和发电机，克虏伯公司的巨炮也引起了大家的关注。日后为埃菲尔铁塔设计电梯的工程师之一莱昂·埃杜（Léon Edoux）为博览会建造了世界上第一个液压式电梯。

此时的日本幕府与法国的关系非常亲密。法国驻日公使莱昂·罗休（Léon Roche）取得了幕府将军德川庆喜的信任，帮助幕府在江户建立了制铁厂和造船厂、法语学校，甚至派遣法国军官担任幕府新式陆军的教官。罗休热情地邀请日本参加巴黎博览会，并希望幕府派出一名高级代表出席博览会的开幕式。这是日本第一次正式参加万博会，精心准备了大量展品奔赴巴黎。然而，当幕府代表团兴冲冲到达会场时，发现九州的佐贺藩和萨摩藩不仅擅自组团参展，而且打出了"日本萨摩琉球国太守政府"的名号与幕府分庭抗礼，引得巴黎的媒体纷纷猜测德川幕府对全日本并不拥有实际的控制权。幕府代表团向组委会提出抗议，但萨摩藩背后有法国贵族夏尔·蒙布朗伯爵（Charles de Montblanc）的支持，幕府代表团的抗议未能生效。萨摩藩甚至特别制作了一个萨摩琉球国的勋章分发给包括拿破仑三世在内的法国高官。幕末时期日本国内激烈的政治斗争也展现在遥远的巴黎万博会上。

图2-1　萨摩琉球国勋章

　　幕府代表团带来的展品是各种象牙制作的小工艺品、瓷器、精心雕琢的水晶制品，以及葛饰北斋、歌川国贞、落合芳几、月冈芳年等名家的浮世绘画作。萨摩藩不远万里从鹿儿岛带来了烧酒、酱油等地方土特产。在博览会上最引人注目的是一个由日本的个人参展商清水卯三郎布置的展区。他别出心裁，在会场里搭建了一个木制的日式茶室，并雇用了三个艺妓穿着传统服饰，吸着烟管，玩弄着手鞠，轻摇着扇子，为参展的游客现场表演茶道，游客也可以买上一杯茶水在店中小憩。清水卯三郎出身贸易商世家，他很会做生意，利用这间茶室卖出了不少从日本带来的日常杂货。因为现场表演的特殊性，这个由个人设计的小展览反倒是比幕府和西南两个大藩国带来的展品更吸引游客的注意力，整个展会期间销售额高达65000法郎，相当于现在的6500万日元，清水卯三郎还得到了拿破仑三世亲自颁发的博览会银牌。

日本代表团的参展给法国艺术界带来一股"日本潮流"，浮世绘和团扇迷倒了包括梵高在内的一大批印象派画家。连小说《卡门》的作者普罗斯佩·梅里美也在信件中记述了日本茶室留给他的美好印象，"前几天去万博会的时候见到了日本的女性，让我十分喜爱。她们的皮肤是一种舒适的拿铁色，她们腿可能只有椅子腿那么细，实在是让人怜惜。博览会里人山人海，她们的演出即便是在这样喧闹的场景里也能够脱颖而出。在我看来欧洲的女性恐怕做不到她们那样沉着的表演。"

清水卯三郎的语言天赋很高，他学习了荷兰语、俄语和英语，曾在萨摩藩和英国的军事冲突中担任谈判代表。在巴黎万博会上，清水卯三郎接触到大量的西洋新科技，回到日本后不遗余力地引进西洋机械，并创办了《六合新闻》，向日本人介绍海外信息。与清水卯三郎相比，另一位更广为人知，对日本近代化进程贡献更加巨大的历史人物也出现在这次的日本参展团中。他就是被后世誉为"日本资本主义之父"、作为2024年一万面值日元纸币正面肖像人物的实业家涩泽荣一。

涩泽荣一不仅武艺高强，而且是个全方位的商业奇才。他精心设计和挑选展品，利用他的理财天赋在博览会期间帮助整个团队削减经费开支，并且筹划了展品的销售。在巴黎万博会期间，涩泽荣一接触到欧洲的股份制公司，了解到银行以及金融业对经济的影响，并着手对欧洲的经济规律进行调查和研究。这些研究成果为涩泽荣一帮助政府完善租税制度、货币制度奠定了坚实的基础。涩泽荣一把这次旅行的全部过程都记录在了他的《航西日记》中，从上海、香港到瑞士、巴黎等地的形形色色都记录在册。特别是巴黎万博会中世界各国的参加状况、会场的布置情况、各国元首的动向以及巴黎市中心的情况都详细地作了记录。在日记的最后，涩泽荣一对于西欧文明的进步表示了极大的感叹。而在4年前他还是一位激进的攘夷论者，这次欧洲旅行在很大程度上改变了涩泽荣一对于西方的看法，也很大程度上改变了他此后的人生。

明治维新后，涩泽荣一就任日本大藏省三等官，主持货币改革和税收制度的改革。辞官后创办第一国立银行、东京商工会议所、东京股票交易所以及保险公司、建筑公司、工厂矿山、医院等超过500家经济实体，并创建了现在的一桥大学、东京经济大学等教育机构，是日本商业近代化当之无愧的奠基人。

三、明治政府全力演出的维也纳万国博览会

1867年后，日本因为戊辰战争和明治改元等大事忙得一塌糊涂，无暇参加在伦敦和旧金山举办的博览会。

1872年2月，明治政府接受奥匈帝国驻日公使的邀请，决定参加预定于1873年在维也纳举办的万国博览会。维也纳博览会是维新后的明治政府首次参展，作为新政府在国际社会展示形象的重要一环，参展团组委会非常重视展品的挑选。1872年1月14日，政府发出公告，要求各地政

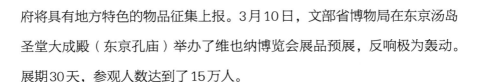

府将具有地方特色的物品征集上报。3月10日，文部省博物局在东京汤岛圣堂大成殿（东京孔庙）举办了维也纳博览会展品预展，反响极为轰动。展期30天，参观人数达到了15万人。

为了让展品更加符合欧洲观众的审美，参展委员会邀请了奥地利大使馆的西博尔德（H. Siebold）和德国人瓦格内尔（G. Wagener）为顾问，帮助组委会挑选展品。瓦格内尔认为日本的近代工业还不够发达，与其展示西方工业的仿制品，不如宣传日本的精美手工艺品。西博尔德也建议要在展会上着重烘托日本的异国风情以吸引观众的眼球。根据他们的建议，参展组委会在全日本征集了大量具有日本特色的展品，包括浮世绘、织锦、漆器、发簪、人偶等工艺品，以及佛像、乐器、刀剑、日本甲胄和富有日本韵味的陶瓷制品，甚至还有日本人在日常生活中使用的家具、农具、渔具等。珍藏在皇家库房正仓院里的乐器和刀剑、山梨县御岳神社的"御神宝水晶球"、镰仓鹤岗八幡宫的"篱菊螺钿置物箱"等国宝级的展品也被带到了维也纳。根据西博尔德的建议，日本参展团在将近4000平方米的日本展区里搭建了神社和日式庭院，其中布置有白色的木质牌坊、神殿以及小巧的拱桥。著名的古屋城的金鯱脊兽、镰仓大佛的模型、东京天王寺五重塔的模型以及直径2米的大鼓和直径4米的大灯笼摆放在展区入口处，非常引人瞩目。

如同预期一样，日本的布展非常成功。神社和日式庭院都受到了极大的关注，展品也深受观众喜爱，日式团扇在短短一周内就卖出了几千把，越前和纸（越前地区出产的和纸，曾一度作为纸币用纸，现在主要用于绘画）还获得了博览会进步奖章。在开展前刚刚造好的拱桥也引起了人们的关注，奥匈帝国的皇帝、也是此次万博会的主办者弗朗茨·约瑟夫一世带着他的皇后艾莉莎一起参观了这座拱桥。皇帝对日本木工所

图2-2 维也纳万国博览会日本展区

使用的刨子尤其感兴趣，专门让手下的女官仔细包裹了一些薄如蝉翼的刨屑带回研究。维也纳博览会的日本展厅再一次在欧洲掀起了日本文化潮流。

维也纳博览会举办期间，恰逢岩仓使节团到达维也纳。使节团成员在百忙之中竟然花了整整4天时间详细考察了博览会。日后主导日本产业近代化革新的大久保利通和伊藤博文对博览会印象深刻、大加赞赏。

日本的参展组委会包括官员、翻译、技术留学生等将近100人。组委会副委员长是曾经作为佐贺藩代表参加过第二届巴黎万国博览会的佐野常民，他曾向政府提出了有关博览会的5条建议。

第一，一定要征集和展示在日本国内生产的优质产品，以便向海外诸国宣传日本是拥有丰饶土地和精良生产能力的国家。

第二，要详细了解和调查各国展品及最先进的技术，要将这些技术学到手并带回日本，从而提高日本的技术水平。

第三，制定博物馆的建设规划，以推动科学和艺术的进步。

第四，寻找适合的商业途径，为出口业务打好基础。

第五，调查其他国家展品的成本及销售价格，掌握各国的商业需求，作为日后的出口贸易基础资料。

从这些建议中可以看出，日本参展并不是单纯为了宣传日本的形象，也并不看中在展会上的零星销售，而是把目光放在增加对外贸易的长远目标上。就在维也纳万博会即将结束时，日本在维也纳成立了一家半官方的贸易公司"起立工商会"。

起因是英国的贸易公司亚力山德拉帕克公司(Alexandra Park & Co.)打算收购展厅中包括建筑物和山石、树木在内的日本庭院。日本参展委员会作为官方代表不能参与经商，于是指派负责搭建庭院的茶商松尾仪助和随团古董商若井兼三郎成立贸易公司，经手价格交涉及转运事宜。这家新创企业不仅把日本庭院卖了一个好价格，而且包销了日本展团带到维也纳的展品。在获得可观的收入后，起立工商会正式进军外贸行业。他们在银座成立了事务所并开设加工厂，从日本各地招聘能工巧匠生产日本的传统手工艺品和浮世绘等美术品。公司鼎盛时拥有80名职员和超过100名的工艺师。其产品不仅获得了大量的外汇收入，而且屡次在国际博览会获得金奖。

另外值得一提的是，日本参展团中原有24名技术留学生随团出行，准备在展会后被派到欧洲各国学习先进的生产技术。博览会结束后，技术留学生的人数大幅增加。起因是虽然日本的庭院和富有民族特色的展品受到追捧，但这些都是日本传承已久的手工艺产物，反衬出日本近代化工业的落后，参展团成员都感受到了日本与当时海外各国的技术差距，不少参展委员会的官员选择放弃官方身份，申请作为技术留学生在欧洲学习。这些技术留学生回国后为日本的产业近代化作出了巨大贡献。

四、内国劝业博览会的诞生

随着日本风情在欧美的流行，织锦、莳绘、漆器、陶瓷、铜器等日本传统工艺美术品大量出口，为明治时期的日本赚取了宝贵的外汇。然而，随着出口的增加，工艺品的质量出现了严重的问题，日本农工商省提出的《工艺沿革》中指出"劣质产品影响了优质产品的声誉""某一地的特产在各地被模仿""同业竞争导致价格崩盘"等严重问题，对目前的形势表示忧虑，强调"如果放任这种情况的发展，日本的工艺品会面临灭绝"。

时任内务卿的大久保利通也表示了对这种情况的担忧，他在1876年（明治九年）向政府首脑三条实美提出的建议书中称"国产工艺品质量衰退，昔日精良之产品日益拙劣，有损日本产品的声誉"[1]。他分析原因说："有些行业被没有根据的流言所惑，生产不合时宜的商品，比如萨摩的陶器；有些行业贪一时之小利而粗制滥造，使其精巧尽失声价坠地，如加贺的铜器；有些行业固守旧法全无进步，如西阵织。这些原因导致外贸出口萎缩。"[2]为了改变这种情况，大久保利通明确了开办全国规模的博览会的重要性，他建议："可以通过博览会将全国的物产和工艺集中在一处，以便分析其产地、产量和质量的优劣。只有先集中万物，才能从中筛选有利

---

① 日本史籍协会：《大久保文书》第七卷，日本史籍协会1928年刊行，第45页。
② 日本史籍协会：《大久保文书》第七卷，日本史籍协会1928年刊行，第45页。

于创造价值的品类。"①显然，大久保利通对博览会的定义，已经从维也纳博览会时期收集各地宝物展示给观众的"夸耀型展览"过渡到了鼓励同行业竞争，促进产业发展的"观摩学习大会"。

　　大久保利通要求对这一年在美国费城举办的万国博览会进行详细的调查，将最受好评的，以及观众购买最多的日本展品进行归纳分析，以增加海外销售为前提，在日本国内征集和评选有资格参展的各地产品。三条实美接受了大久保利通的建议，商定在第二年举办日本第一届"内国劝业博览会"，大久保利通亲自担任组委会总裁。他在任命前岛密为展品审查总长时说："本会由我建议发起，由本省（内务省）独自负责，望君全力以赴，以为后任之模范。"②这个"模范"恐怕不仅是指展品审查总长的职责，大久保利通希望这届"内国劝业博览会"能够成为后世日本举办博览会进行效仿的榜样。

　　明治维新后日本的政治、思想、学术，甚至饮食习惯都在大幅度西化，日常生活也争相选择进口商品，大久保利通认为这种情况必须得到改变。他强调日本现在举办博览会的目的是提高国内制造业的生产能力，完善国产商品的质量以便替代进口的同类产品。大久保利通拒绝了英、美、比利时等国的出展请求，他向国外参展申请者说明，只有在提高国内产品质量后才能在日本举办世界规模的万国博览会。同时，大久保利通还向天皇提出申请，希望天皇同意在政府机构内，以博览会的展品替代同类的进口商品。"现全国上下均喜爱进口物品，涉及衣食住行各个领域，国产品日渐式微。人心喜恶不能强求，唯官方用品不限于此。内务卿大久保利通建议，如果内国劝业博览会之展品可以替代进口商品，则应要求太政官以下各机构尽可能

①　日本史籍协会：《大久保文书》第七卷，日本史籍协会 1928 年刊行，第 45 页。
②　前岛密：《前岛密自传》，前岛密传记刊行会 1956 年版，第 120 页。

使用国产品，同时要求地方长官敦促地方政府机构使用国产品。"①

为了提高日本的产业制造力和产品质量，组委会对展品作出了几乎"不近人情"的要求。参展规则要求，展品参展时不仅要求标明"原价"，还需配备"制造说明书"，并要求出展人向组委会提供经营场所、近期营业额、进出口统计等数据。甚至，组委会对观众也作出了要求："观众应对展品仔细观察，根据各自行业及今后之发展考虑如何对自己的产品进行改进。使工艺更加精良、使价格更加便宜，以千思万虑总结展品受好评的理由，以促进本人所在行业之精进。此为本博览会所欲传达之宗旨也。观众应做到：一，仔细审查展品的材质；二，判断工艺的巧拙；三，分析展品的作用及功效；四，判断其市场需求；五，考虑是否价廉。"

组委会显然把博览会看作影响国家未来产业走向的重大项目，所以事无巨细地发出指导意见。博览会的最大目的是增加日本产品的出口以及取代同类进口产品。但是以日本制造工艺大大落后于欧美的现状而言，能够赢得海外产品的要素仅剩下"质优"和"价廉"。对"质优"的规范各行业有不同的定义，针对"价廉"组委会特意在观展须知中详细说明："在一般概念中，机械制品价廉而手工制品昂贵，此虽为常理，但手工制品中亦有价廉之物而机械制品中也有不廉之物。其要因在于制法是否轻便得当以及运输成本的高低。各位观众需要仔细分别其中原委。"

为了提高竞争力，组委会将"价廉"纳入获奖条件，在第一届内国劝业博览会《审查官职责及审查条例》中规定：材料适用、制造精良、能够增加产能、提高使用效率，或者开拓新的销售途径、能够改良现有机械、售价足够低廉者，可授予褒奖之奖牌。

---

① 宫内省临时帝室编修局：《明治天皇记》第四卷，吉川弘文馆 1968 年版，第 335 页。

五、意义重大的第一届内国劝业博览会

就在第一届内国劝业博览会紧锣密鼓的筹备之时，1877年2月，大久保利通的家乡鹿儿岛发生了士族的武装暴乱。在陆军元帅西乡隆盛麾下汇集了旧武士近3万人，他们准备武装上京，讨伐新政府的不公和暴行。西乡隆盛曾经是明治新政府的台柱子，也是所有旧士族心中的领袖，他起兵暴动的消息撼动了日本半壁江山。大久保利通对这位挚友的叛乱痛心不已，但坚定地相信政府军会取得最终的胜利。他一边调兵遣将围攻西乡隆盛，一边有条不紊地按照原计划推动博览会的筹备。就在西南战争打得炮火连天时，1877年8月，日本第一届内国劝业博览会在东京如约举办，明治天皇主持了开幕仪式。

博览会的举办地是上野公园，会场中搭建了美术馆、农业馆、机械

图2-3　明治天皇主持开幕仪式

馆、园艺馆和动物馆，总面积达到10万平方米。为了招揽观众，组委会在公园入口处装饰了高达10米的美式大风车和数千只灯笼。虽然九州地区的战况如火如荼，但并没有打消人们参观博览会的热情。

为了组织展品，组委会向日本各地委派了展品征集人，他们在调查地方特色产品的同时普及博览会的宗旨，宣传博览会将成为各行业产业技术对比、交流的集会，而最终目的是提升日本产业的制造水平。为了鼓励地方企业积极参展，大久保利通划拨政府经费，对参展者给予补贴。民间企业也积极配合，对展品的运输费用予以减半优惠。从日本全国各地收集来的展品分为矿业、冶金、制造品、美术、机械、农业及园艺六大类，分别从材料、制法、品质、调整、效用、价值、价格等方面进行了严格的审查，最终决定有资格出展的展品为84353件，获奖展品达到了5096件。

博览会颁发奖牌是为了鼓励优秀的产品，这次展会最高级别的凤纹奖章颁发给了卧云辰研制的日式纺织机，展会顾问瓦格内尔将这种纺织机赞为"本届发明第一"。然而，因为卧云辰致研制的纺织机结构简单、生产效率极高，当时的日本也没有行之有效的专利保护制度，所以在展会后被大规模仿制，以至于卧云辰致自己制造的产品严重滞销，不仅研究经费无以为继，生活也陷入窘境。发明家的遭遇警醒了日本政府，于是在1885年公布和实施了《专卖特许条例》，对发明创造进行保护。卧云辰致在1882年被授予蓝绶勋章，他受惠于其他的发明，余生富足。

第一届内国劝业博览会为期3个月，入场人数超过45万人，获得圆满的成功。虽然大久保利通认为受到战争影响，展会效果不够完美，但是这次博览会对提高日本制造业水平贡献巨大，的确成了此后日本国内博览会效仿的标杆。《读卖新闻》在1877年8月22日的报道中写道："记者出

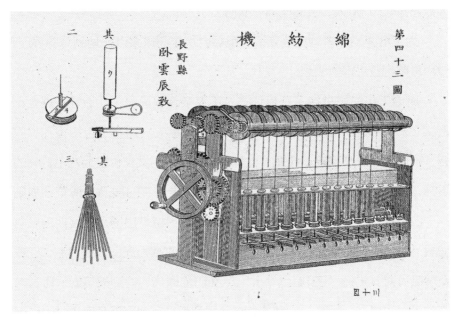

图2-4　日式纺织机

席博览会，本打算仔细浏览，但展品多达数万种实在难以全部看完。仅就记者观感，超乎以往认知，让人赞叹的展品数量极多。……见到别人精心制作的产品而下决心更加努力改进自己产品的人应该有很多。这次展会实在是开启民智的一个重要成功。"

六、第二届至第五届内国劝业博览会

第二届内国劝业博览会在1881年3月举办。西南战争造成政府经费的超额支出以及日本对外贸易逆差的进一步扩大，影响了日本经济的发展，但日本人对博览会的热情丝毫不减，参展展品的数量和参观人数均大幅度超过第一届。第二届内国劝业博览会举办时间为4个月，来场的参观人数超过823000人，展品比第一届增加了3倍。

为了增强同业者的竞争意识，组委会决定将原来以产地划分的展厅，改由按照行业进行新的划分。

明治天皇夫妇主持了开幕仪式，不仅亲临现场参观，而且在展会上购买了一些展品。根据当时的媒体记载，天皇夫妇购买了包括香几、衣橱、琉璃版画以及织锦、花瓶、文具、砂糖在内的共计价值七八千日元的展品。然而，即使是贵为天皇也不能当场带走购买的展品。博览会规则第十四条规定："所有陈列品在展会结束前不得携带出场。在展期内成交的展品应交付买主交款收据，至展会结束后以收据为凭证取得展品。已成交展品可对其进行'已售'之标注。"在明治时代，得到天皇的认可是对产品最大的褒奖，所有与天皇成交的参展商都兴奋地在展品旁边立上一个小小的标识牌，说明这件商品已经被天皇订购。当然，天皇夫妇驾临展会期间，一般观众是禁止入场的。天皇离开后，观众纷纷寻找天皇购买的展品，组团围观。

曾经担任维也纳万博会参展团副总裁的佐野常民等人希望扩大内国劝业博览会的规模，以便在1890年前后在日本举办"亚洲万博会"。大久保利通主张，博览会是日本国内制造业相互学习的大学校，他担心海外制品的参展会影响国内的同行业竞争。大久保利通虽然在1878年5月死于暗杀，但是他的继任者松方正义（时任大藏大臣兼任内务大臣，后两次出任总理）与他拥有同一理念，所以1890年第三届内国劝业博览会的参展商品依旧被限制为在日本国内所产。不过，为了增加外贸销路，日本政府出面向各国发送了邀请，最终吸引了246名海外来宾参观展会。

第三届内国劝业博览会增加了展馆面积和展品的数量，新设了水产馆和外国制品参考馆，并在会场内铺设了日本第一条有轨电车线路。但是因为长期经济低迷、流感肆虐以及连日大雨，博览会的入场人数并没有像预期那样大幅度增加，展期自4月1日到7月31日，入场人数为102万。

维多利亚女王的儿子亚瑟王子（Arthur William Patrick Albert）出席了博览会，并购买了由15岁的年轻女画家上村松园创作的《四季美人图》。当时日本对外出口的主要商品之一是日式风格的绘画及装饰工艺品，导致很多获奖展品被仿制。为了阻止这种情况的蔓延，组委会在1888年开始进行"意匠登录"，既创意和设计的注册，这项对知识产权的保护制度至今依然由日本特许厅实施。为了推广这项制度，政府规定所有被组委会挑选的展品均无需支付注册费，一时间注册申请蜂拥而至。

博览会可以带动经济发展的事实已经广为人知，有些地方政府开始计划申请在当地举办第四届内国劝业博览会。其中京都的游说活动最为有力，地方官员和京都的商人诉苦说，自天皇迁都东京后，京都的经济受到了很大影响，希望博览会能够帮助京都恢复活力。这一番游说打动了组委会，决定将第四次内国劝业博览会的举办地点设在京都。虽然在1894年爆发了甲午战争，但是日本政府认为即使是在战争期间，殖产兴业也是重要的国政，所以决定博览会按照原计划进行。

会场设在冈崎公园，整体面积达到178000平方米，在其中搭建了美术馆、工业馆、农林馆、机械馆、水产馆以及动物馆这六个展馆。水产馆前还建造了一间水产室，也就是今天所说的水族馆，观众第一次可以从侧面观赏鱼类，让很多人大为惊奇。

最具轰动效果的是新铺设的京都有轨电车。这是日本第一条市内有轨电车，路线从京都火车站直接抵达博览会会场，动力来自水力发电。这次博览会可以算得上是日本电力时代的开端。

在美术馆展出的由留法画家黑田清辉创作的名为"朝妆"的裸体画

引起了观众和媒体的骚动。《东京每日新闻》1885年4月10日报道："黑田清辉的裸美人画前人头攒动，观众评论蜚短流长。又有乡下人为其标注之3000日元价格惊讶不已。"裸体美人固然是引发热议的源头，但就当时日本人每月7~10日元的收入而言，标价3000日元显然超出了一般人的想象，这也是引发争论的原因之一。画作前每天都拥挤不堪，组委会最后只得用布盖住了这幅画。

1855年是京都建都1100年，这次博览会强有力地推动了京都的经济发展，展会期间共有超过113万名观众入场参观。这些观众中的大部分并不是京都当地的居民，京都借此机会对道路和旅馆住宿业进行了维修和升级，为日后成为国际著名的观光都市奠定了基础。

1903年在大阪举办的第五次内国劝业博览会是历届博览会中规模最大的一次。153天的展期是历届最长，31064件展品也是历届最多。当时日本国内铁路建设基本覆盖全国，从各地而来的观众达到了令人惊讶的530万。因为日本已经加入了《保护工业产权巴黎公约》，所以邀请了英国、德国、美国、法国等14个国家参展，基本上成为了一届小规模的万国博览会。会场除去原有的专业展馆以外，新开设了教育馆和交通馆，美国制造的汽车是这届展会中最引人注目的展品。

仿佛是宣告电力时代的到来，这届博览会首次开启了夜场。会场装饰了大量的彩灯，并使用五色光柱照射会场中心的大喷水池。乘坐电梯登上大林观景塔虽然需要长时间排队，但观众依然蜂拥而至。这一届博览会还新设了诸多娱乐项目，比如茶臼山池畔的激流勇进、旋转木马、世界全景电影馆、神奇馆（展示无线电、X光、活动照片以及使用电光和火药助兴的舞蹈表演）以及大马戏团演出等。主展馆夜间都是闭馆的，但是这些新奇的娱乐设施在晚上依旧吸引了大量的观众和游客，这也是这一届观众

达到惊人数量的缘由之一。

以劝业兴产为目的的博览会因为观众在会场内的消费而获得了惊人的收益，大阪市受惠甚多，其他地区对博览会的期待日益高涨，各界纷纷要求将预期在1907年举办的第六届内国劝业博览会扩大为正式的万国博览会。但是在1904—1905年爆发了日俄战争。日本竭尽全力才勉强取胜，并在战后迅速陷入财政危机，致使举办博览会的计划推迟直至取消。其后日本各地方政府虽然也举办了一些博览会，但是下一次国家级别的博览会是70年后的大阪万国博览会了。

七、内国劝业博览会对明治产业近代化的影响

内国劝业博览会并不是简单地展示新奇物品，而是旨在加强日本的产业制造能力、推动经济的发展，是带有强烈政府指导性质的行业大比武和对日本国民的信心激励。

从参展商的角度讲，参加博览会虽然费时费力，但收获远远大于支出。第一，博览会通过规定评审标准，提出对相关产品的调查报告，宣传和教育生产者"什么才是合格的好产品"。对于生产者而言，参加组委会的评审不仅可以得到同类产品的市场信息，还可以直接得到专家的技术指导以及针对性很强的品质改善建议。第二，博览会可以提高产品及产地的知名度，帮助产品扩大销路。第三，组委会对优秀产品颁发的奖章对消费者而言相当于产品的品质保证。特别是第二点和第三点，当然只有参加了博览会才能得到这样的机会。这也就不难解释为什么有众多的生产者不远万里自付费用参加博览会了。因为博览会奖牌对市场信誉度的影响过大，

甚至出现了参展商对评审结果不满而起诉评审委员的事件。原来的评审委员会成员都是政府官员，从第三届博览会开始，组委会从民间聘请权威人士加入到评审委员会中。

评审结果对生产者极其重要，故此评选标准必须公平、公正、公开。但是因展品千差万别，所以标准的制定非常复杂。在这里以苹果为例解释一下内国劝业博览会对生产商的影响。

当时日本有形形色色超过100多种的苹果，以怎样的标准选出"日本国民喜欢的苹果"就是一个艰巨的任务。水果的基本评审要点分为味道、口感、外形、香气、营养和安全性，其中个人主观意见占有很大的比重。随着博览会不断举办，评审标准也在不断改进，到第五次博览会时，已经把标准客观化，用平均周长、平均高度、平均重量、含糖量、糖酸比等数字评价的标准进行评判，以保证评审结果的科学性和客观性。在中国也具有知名度的"国光苹果"和"红玉苹果"就是在博览会中被评为"优等"的产品，获奖水果在市场销售时会特意注明"获得博览会奖牌"等字样，能够卖出更好的价格。

对那时的日本人而言，水果不同于蔬菜，是日常必需品之外的奢侈品，多数场合用于送礼、甚至是装饰，所以博览会的评审标准非常重视水果的外观。例如针对"芹川苹果"的评审报告就有如此的记录："其外表鲜红艳丽、富有光泽。口感脆美，香气宜人。食毕口中无残渣。"显然，苹果的外观成为同类产品竞争的重中之重，农户竞相培养外观漂亮的苹果，以至于出现"苹果的陈列柜前观者聚集盛赞不已，有不知其品种者，有怀疑其为模型者"的情况。从这一点也可以看到博览会评审标准对产业发展造成的影响。

除了评选优秀的品种，博览会还为果农提供了交流和学习的机会。

水果专项的评审委员都是农业专家，诹访鹿三、福羽逸人以及玉利喜造都是在海外做过实地考察的农学研究者，福羽逸人在1896年出版的《果树栽培全书》中仅针对苹果就详细介绍了原产地、用途、适宜栽培的气候、苹果种类以及如何选种等专业的知识，而且以法国为中心介绍了苹果在海外种植的情况。有这样的专家担任评审委员，果农们自然获益匪浅。防止虫害的同时还能让果实颜色更为鲜艳的套袋法就是在第五届内国劝业博览会后开始普及的。这一届博览会举办的时间错过了苹果的收获季节，而且作为主产区的青森等地需要不远万里把苹果运送到遥远的大阪，对于苹果的储藏和运输都提出了更高的要求。博览会针对这两项技术也进行了审查，对于青森县的评价是"其种植方法之优良毋庸置疑，其储存方法也经过精心研究，所以能提供优秀的商品"。而对于临近青森县，土壤、气候同样适合种植苹果的岩手县则毫不客气地指出"之所以与青森的苹果差距越来越大，全赖业者缺少研究的热诚所致"。赞美和批评是为了鼓励竞争，为了向市场提供更优秀的商品，同时达到促进同业者共同学习、共同进步的效果。

内国劝业博览会对产地品牌的树立厥功至伟。青森作为日本的苹果名产地而广为人知就是仰仗于它在博览会的屡次获奖，青森的苹果知名度越来越高，其销量从全国第三（1895年）逐渐发展到占全国总产量1/2的绝对领先地位（1930年）。因为博览会不断增强同业者的竞争意识，所以即使成为行业第一也不敢懈怠。青森地区有一个由本地苹果种植户组成的农会团体，自1884年开始每年的10—11月都要展开品评会，种植户之间可以互相切磋种植技术。这个区域性的品评会一直持续到1925年，当时参加品评会的农林产品包括苹果在内共有4000种以上。区域品评会也成为大型博览会的预选赛。这种情况并不仅限于青森县，岩手县、秋田县等地都在举办品评会和种苗交换会,大家一起研究栽培方法和储存技术。这些经验和技术以博览会为契机,形成文字资料,并与全国各地的苹果种植户共享。《东奥日报》1903年2月6日登载的"第五届内国劝业博览会苹果预审须知"就详细介绍了苹果的包装运输方法:

(1)参加预审的苹果必须在10日9点前各自带到会场;

(2)参加预审的苹果需用蜜柑箱或同等大小的箱子搬运;

(3)垫箱子需用柔软的干草或麦秸;

(4)不得已时可使用稻壳,锯屑等物会使苹果沾染异味,除非久放无味之物否则尽量不要使用;

(5)参加预审的苹果需用旧报纸单独包裹,否则可能会生斑瑕并沾染异味;

(6)如果参加预审时天气寒冷,需用毛毡等物包裹搬运箱防止冻损。

苹果的贮藏、打包、搬运方法全部记载在了报纸上,等于帮助方法有所欠缺的种植户完成了知识储备,这也是日本内国劝业博览会的又一项重大贡献。

明治时期开始高频度、大规模举办专业博览会,相互学习相互竞争是日本各行业保持至今的传统。根据JETRO日本贸易振兴机构的统计,全日本一年之中要举办大型国际展览会近千场,仅东京一地每年举办的大型国际展览会就超过250场。博览会和展览会,依然是日本推广品牌、吸引客户、扩大销售和展示创新的主战场。当然,现在的展览会中官方主导的场面已经极其少见了。但观众的热情有增无减,1970年的大阪世博会盛况空前,入场人数达到6400万,等于全日本有一半人都去观看了世博会。2025年将再次在大阪举办世博会,目前官方预测的参观人数是2800万,这个数字显然是有些保守了。

第三章
明治维新：日本近代化腾飞与历史变迁

　　明治维新是19世纪60年代，日本在西方资本主义工业文明冲击下所进行的具有资本主义性质的改革运动。这次改革始于1868年明治天皇建立新政府。通过学习西方，改革落后的封建制度，日本走上了发展资本主义的道路，利用日趋强盛的国力，逐步废除与西方列强签订的不平等条约，收回国家主权，摆脱了沦为殖民地的危机，成为当时亚洲唯一能保持民族独立的国家。可以说，"明治维新"是日本历史的转折点。日本从此走上独立发展的道路，并迅速成长为亚洲强国乃至世界强国。

一、明治维新之前的日本社会

（一）身份制度与社会结构

公元3世纪左右，大和朝廷完成了日本的统一，经过大化革新逐渐衍生出兼具精神权威与政治权威的古代天皇制。国家大权由朝廷掌握，为天皇、朝廷工作的官员和贵族称作"公家"，属于统治阶级。9世纪中期开始，一些地方领主开始建立保卫自己的私人武装，并利用其扩张势力。这种武装逐渐成熟为一种制度化的专业军事组织，这些在古代公家的领地、庄园中负责武装警卫的家族发展成为"武家"，武家原是为公家所统治的阶层。

1192年，平安时代结束，源赖朝被封为"征夷大将军"，建立镰仓幕府，标志着日本的武家政权被天皇赋予了合法地位。由此开启了长达600多年（1192—1867）的"幕府政治"，历经镰仓、室町、德川三大幕府统治阶段。

进入江户时代，也就是德川幕府统治时期，日本形成了稳定的等级社会秩序。整个社会基本可以划分为公家、武家、寺家以及农民与町人，再往下还有地位极其低下的"秽多"、"非人"①。按身份制规定，士、农、町人、秽多、非人等社会等级是世袭的、固定的，不同社会等级间的流动——尤其是较低等级向较高等级的流动，受到严格禁止。武士不许经商务农，农民、町人在通常情况下无望跻身于武士之列。秽多、非人处于社会最低层，受尽压迫与侮辱。

---

① "秽多"主要指做俘虏的人，还有劳改犯等，只能从事殡葬、屠夫等工作；"非人"指被人们所唾弃或瞧不起的人，如乞丐、流浪汉、娼妓等。

　　德川幕府设在江户（现东京），国政掌握在幕府的最高统治者将军手中，将军是最大的封建主，直接管理着全国1/4的土地和重要城市，全国其他地区分成大大小小200多个"藩"，藩主（即大名）必须效忠将军。将军与大名都拥有自己的家臣（即武士），他们构成了幕府统治的基础，从而形成了由幕府和藩构成的封建统治制度——幕藩体制。大名拥有对自己领土的几乎全部权力，自行收税甚至征兵。因为权力太大，为了体现对幕府的忠诚，各地藩主需将嫡子留在幕府作人质，藩主每隔一段时间必须到江户赴任，这就是我们所熟悉的参勤交代制。朝廷设在京都，公家势力很弱，天皇名义上虽然是国家的元首，但实则沦为将军控制的傀儡。

　　江户时代的"百姓"和"町人"就是一般平民。百姓是农村的平民，大多务农。农民在数量上占全国的80%，地位低下，被限制在自己所属的村子或者町，终身不能离开。他们受到武士、商人的多层盘剥，生活非常悲惨。町人是都市的平民，他们从事商贸活动，包括富有的商人以及穷困的工匠、商贩及零工。部分町人虽然富可敌国，但社会地位仍然很低。[①]僧侣在幕府时代势力强大，占有大量田地和财物。

　　随着商品经济的发展以及欧美侵略者的相继入侵，社会结构悄然发生了转变。因为幕府和地方藩的财政状况不佳，所以武士并不富裕。到了19世纪初，一些中下级武士迫于生计，也不得不屈身从事过去所鄙视的商业或手工业，他们逐渐产生了对幕府的反抗思想；被统治阶层町人虽然财富不断增长，但社会地位仍然很低；贫苦百姓不断受到来自各方的剥削压榨，加上天灾不断，百姓生活困窘。综上所述，19世纪日本社会暗潮涌动。武士阶层、町人、农民都对当时的社会心怀不满，都有强烈渴望改变社会现状的意愿。

---

① 江户时代有一个词叫作"町人根性"，就是用来嘲讽町人好计算、短视、贪心的性格特点。

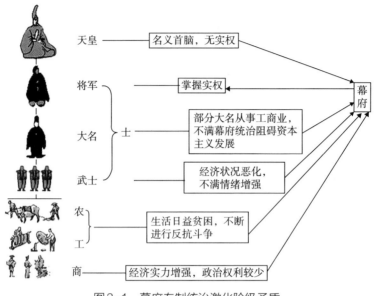

图3-1 幕府专制统治激化阶级矛盾

（二）社会发展状况

德川幕府施行"闭关锁国"政策，严禁日本人与外国贸易，严格禁止基督教信仰，禁止日本与海外交往，把外国商人和传教士驱逐出境，只许同中国、荷兰等国通商。

作为一个传统的农业国，日本经济较为落后，缺乏现代工业。明治维新前日本人口约有3000万，大致和美国相当，但江户时代日本的医疗技术很不发达，加上自然灾害等原因，人口数量甚至出现了负增长。[①]当时的国民生活水平普遍不高，大部分人比较贫穷，普通百姓只能吃一些糙米、野菜和咸鱼之类的食物，江户时代终身没吃过一顿大米的农民很多。即使贵族，日常饮食也很有节制，这使得整体上日本人身材比较矮小。

---

① 森田优三：《人口增加的分析》，日本评论社1944年版。

16世纪前，日本的政治、经济和文化中心都在关西地区（即现在的大阪、京都地区）；16世纪德川幕府建立后，日本整个国家的重心"东移"，经过两三百年的发展，至18世纪江户中叶时期，江户一跃成为日本第一大都市，人口达到100多万。因参勤交代制的影响，各藩的大名须定期前往江户执行政务，这些大名在江户单身赴任，客观上促进了服务行业的蓬勃发展。仅江户地区就出现了超过6000家餐厅。[①]所以江户的商业比较发达，商业设施较为完善，具有较好的商业发展环境，城市化水平在当时的世界范围看都属于较高水平。

幕府时代的日本教育，分为藩校与寺子屋。藩校面向贵族与武士，寺子屋是让平民百姓接受教育的设施。寺子屋起源于日本中世纪的寺院教育。江户时代寺子屋非常发达。根据《日本教育史资料》统计，19世纪初登记在册的寺子屋就已经有16000多家，且学费低廉，即使是最底层的人都有机会接受教育。基础教育的普及，使得江户时代结束时，日本男性的识字率达到了33%，女性达到了25%，同期英国国民的识字率不过才25%左右，而我国清朝更是不足4%。可以说，江户时代的日本是当时文盲率最低的国家之一。

综上所述，江户末期的日本，整体上虽然属于落后的农业国，但部分城市商业化较为发达，教育水平较高。这些为日本走向现代化奠定了基础。

二、明治维新开启日本近代化进程

19世纪中期，由于外国势力的入侵，日本封建统治出现危机。陷入内忧外患的日本平民开始了轰轰烈烈的倒幕运动及政治改革。在国外，西

① 大久保利谦等编《近代史史料》，吉川弘文馆1975年版。

方列强正以坚船利炮叩开日本国门。西南各藩下级武士发动拥护天皇、驱逐洋人的"尊王攘夷"运动，不久发展成为要求推翻江户幕府的倒幕运动。1867年倒幕派以天皇名义迫使将军交权，建立新政府。幕府制度被推翻后，1868年天皇改年号为明治。此后，以明治天皇为首的新政府废除封建制度，将"殖产兴业"、"文明开化"和"富国强兵"三大政策作为建国的指导方针，由上至下进行了全方位的变革。

在经济制度方面，大力推进改革，开展资本主义经济；改革土地制度，承认土地私有；引进西方先进技术，大力开展近代资本主义工商业。至19世纪80年代中期，工业革命几乎席卷了日本一切工业部门。

金融体制方面，统一币制，引进欧美现代银行制度，建立了100多家国立银行和近千家私立银行等类似金融机构。通过发行公债，极大地提高了融资能力。

军事方面，日本在考察学习西方兵制的基础上进行全面的兵制改革，实行征兵制，建立新式军队。

文化教育上推行"文明开化"政策。提倡新文化，改造旧文化。聘请西方学者参与教育改革，颁布一系列有关教育制度的规章，建立起完整的现代教育制度。

外交上，废除了不平等条约，取得了民族独立。

明治维新后日本发展迅速。1866—1873年日本工业平均增长速度为32.2%，创办企业总数达到了5600多家，产业工人人数达到38万，建成铁路3200千米。人口数量大幅度增长，到二战结束时达到了7000万。[1]工业上，在甲午战争之前已经完成了以纺织业为中心的轻工业改造，到日俄战争之前完成了以机械、钢铁行业为中心的重工业产业化，实现了从农业

---

① 万峰：《日本近代史》，中国社会科学出版社1978年版，第128—130页。

国到轻工业再到重工业国的产业革命，从一个封闭的农业国一跃成为新兴工业强国。这次改革使日本成为亚洲第一个走上工业化道路的国家，是日本近代化的开端，全方位地改变了日本人的生活。

三、明治维新后日本社会的新变化

（一）身份制度

日本德川幕府时代，实行士、农、工、商四级等级身份制。这是一种严格的、不可逾越的身份等级制度，每一个人的社会角色在出生的那一刻起就已经被确立了。为了谋求富国强兵，顺和民意，明治政府成立后，于1869年下令各藩版籍奉还，废除公卿、大名、武士身份，改称华族、士族；农、工、商身份统称平民。1870年明治政府下达《平民苗字

图3-2　现代化纺织厂里的女工

（资料来源 https://www.163.com/dy/article/FD67O4GH054320UD.html）

容许令》，允许平民冠姓。次年发布《秽多、非人解放令》，承认其身份与平民相同；允许平民婚姻、职业、居住自由；通过《废刀令》，剥夺士族特权，1872年明治天皇亲自下发《征兵令诏书》，宣布"全国四民"皆可入兵，延续700年的武士阶层消亡，融入了明治新社会。

明治维新后，新政权对身份关系进行了重组，在"四民平等"号召下，许多没有家系门第背景的人，可以通过接受正规教育或办实业来提高自己的社会地位。人们可以相对自由地选择居住地与职业。随着机器生产的引入，越来越多的女性脱离了家务劳动，进入工厂。其中，毛纺织厂、陶器厂女工数量尤其多。

（二）生活方式

1.历法

日本自公元645年设立年号以来，天皇在位期间可以多次更改年号。天皇即位、祥瑞、灾异，都是天皇改换年号的理由，许多天皇都有好几个年号。明治维新正式确立了"一世一元制"，为百姓省去了更改年号带来的多种不便。不仅如此，就连清明、中秋等节日也摒弃农历，以公历为准。旧历新年被废除，元旦成了日本的春节。随着国际交往的增多，在商务往来和外交上使用公元纪年，只有钱币印刷、公文来往等仍然使用天皇年号。

2.服饰与发型

日本古代的天皇、公卿，也就是"公家"，传统的发型是将头发梳起，在头顶扎成一个髻。武士阶层作为公家的仆役，也效仿这一装束。到了镰仓时代，因为征战频繁，武士为了方便战斗，将头顶中前部的头发剃除，或在头顶扎起一个朝天的小辫，或将一缕头发平贴着头顶压扁，即"月代头"。这样即便头发在战斗中散落，也只是披散于头部两侧和后背，不会影响视线。因为武士的影响力，所以日本男子上行下效，"月代头"开始在一般民众中流行开来。"月代头"有多种样式，其中最流行的是"丁髻"。在与西方交往的过程中，原本代表武士尊贵身份的"丁髻"，却屡屡成为野蛮的象征，遭到西方人的嘲笑。为了塑造优雅整洁的现代化潮流，1873年，日本颁布了《散发脱刀令》，鼓励国人剪掉发髻。

图3-3　1871年以内大臣岩仓具视为首的代表团出访欧美，
代表团里只有岩仓具视坚持日式传统装束

（资料来源　宗泽亚：《明治维新的国度》，北京联合出版社2014年版，27页）

　　1868年明治天皇刚刚登基、第一次接见外国公使时，还保持着正统日本皇室的对外形象。①可随后，明治天皇便断发蓄须、着军装，以英姿飒爽的现代化形象出现在国民面前。

----

① 按照英国公使巴夏礼的形容："他（天皇）的眉毛都剃掉了，然后重新画在高高的额头上；他的脸颊涂上了胭脂，嘴唇也涂上了红色和金色。他的牙齿是黑色的（黑齿是日本自古以来的审美传统）。"

图3-4　明治天皇剪发以号召百姓顺应潮流，代表着新思想对旧传统的决裂

（资料来源　百度百科，http://baike.baidu.com/item/%E6%98%8E%E6%B2%BB%E5%A4%A9%E7
%9A%87/7343?fr=ge_ala）

　　因为和西方人交流的机会增多，日本上层社会吃西餐、穿西服、留分头、跳交际舞、盖洋楼等欧化风潮风靡一时。我们所熟悉的鹿鸣馆时期的上流女性，往往身着洋服，帽插羽毛，模仿西方女性的衣着谈吐。

图3-5　在鹿鸣馆跳交际舞的明治时代的高官及亲眷

（资料来源　百度百科，https://baike.baidu.com/item/%E9%B9%BF%E9%B8%A3%E9
%A6%86/6595134）

传统生活方式与外来文化的冲突导致了全新服装文化的诞生。人们逐渐从烦琐复杂的传统服饰，转向轻便实用的西方服饰。西服、靴子、皮鞋在日本流行开来。后来明治天皇颁布了政令，让警察、铁道员、教员等逐渐改穿洋服。军队也规定必须穿着西式军服。

　　在上层皇室和下级武士的带领之下，日本民众的"断发易服"运动进行得较为顺利。到了1880年，90%的东京男性都顶着一种名为"散切り頭"①的欧式发型。皮鞋代替了传统的木屐，西装领带取代了羽织②与袴③。"敲一敲留着短发的脑袋，能听到文明开化的声音"④——这是当时流传甚广的一句俗语，老百姓就是用这样的俏皮话来调侃生活中发生的巨变。

　　明治初期的日本迎来了女子教育的春天，东京女子学校和东京女子师范学校相继创立。女大学生作为接受高等文化的女性，其着装风格也发生了很大的变化。最显著的特点是女式袴装逐渐流行。因为当时学校桌椅是欧美式的，身穿传统和服多有不便，加上和服价格不菲，不易清洗等缘故，女孩子们开始穿着行动方便的袴裙上课。一开始女学生们穿的是男式袴，因为袴在当时象征着男性权威，不少人对女性穿袴恶言相向，政府便禁止了女性穿男式袴。之后教授下田歌子⑤亲自设计了女式袴裙——相传下田歌子曾在宫廷中服侍皇后，因此设计的女式袴裙样式参照了宫廷女官服饰，同时也融合了西方元素。随着女性出去工作、学习，接触新鲜事物

① 这是模仿西式的发型，男子将头发披散下来。
② 这是套在和服外面的衣服，类似于我们现在穿的开衫和夹克。
③ 这是一种宽松的裙裤或裙式下衣，覆盖了从腰到脚的身体。在古代日本是男子服装的象征，镰仓时代以来成为普遍穿着。袴不仅方便还可以保暖，在日本很受欢迎，日本袴的种类有十多种。
④ 日文原文为：散切り（ざんぎり）頭を叩いてみれば、文明開化の音がする。
⑤ 下田歌子，日本著名教育家，1899年创立"实践女学校"，在这个学校开设唱歌、图画、体操、手工等课程。

机会的增多，她们大胆尝试，将皮鞋和传统袴裙相结合，这样的搭配出乎意料地受到欢迎。骑着当时先进的交通工具——自行车，身着女袴、梳着高发髻、脚蹬皮鞋上学的女大学生，成了明治时期城市的一道亮丽风景。逐渐地这种着装也在民间流行起来，成为时代潮流的象征而备受青睐。

图3-6　1886年帝国大学　　　　　图3-7　时髦女大学生的装束
（东京大学前身）的制服

（资料来源　明治历史网，https://www.tombow.gr.jp/uniform_museum）

西式风格的着装在上流社会一度成为文明开化的体现。但是，大约在1890年前后，社会潮流又转向复古，于是"洋服热"逐渐开始衰落。洋服真正彻底取代和服，成为日常服式还要等到大正时代。因此，从图3-8、图3-9两张照片，我们不难窥见"混搭"才是明治时期的服饰潮流。

图3-8 坂本龙马的和服与皮靴的混搭风

（资料来源 明治历史网，https://www.tombow.gr.jp/uniform_museum）

图3-9 1888年东京高等女校毕业合影

（资料来源 明治历史网，https://www.tombow.gr.jp/uniform_museum）

此外，衣服的材质也发生了很大的变化。随着国门的打开，日本也大力发展与外国的商贸，积极引入新型衣料。丝绸之类的衣料产量增加，这使和服的材质呈现出多元化发展趋势。因为科技工业的推动，布料的染色技术大幅提升，和服的纹理及色彩变得更加丰富、艳丽。

3.饮食

饮食文化的发展提供了一种窥见时代印记的途径。提到日本料理人们就会想到牛丼饭、寿喜烧以及世界闻名的神户牛肉。然而日本人吃牛肉的历史却只有短短100多年。

古代日本受佛教及神道教等的影响，屡次颁布肉食禁令，675年日本政府首次发布了食肉敕令，规定在4月到9月这段时间，禁止食用牛、马、狗、猴子和鸡等"五兽"。752年，为纪念东大寺大佛完工这一盛事，全国全年禁止杀生。到了10世纪，僧侣、贵族、市民之间形成了将食肉看作罪恶的风俗。这导致了日本人缺乏营养，男性平均身高只有1.6米左右。"黑船来航"后，日本和西方各个国家的接触越来越多，日本人意识到欧洲人的身高与他们的饮食习惯有很大关系，便一改过去吃素的习惯，开始喝牛奶、吃牛肉。明治天皇就是日本皇室中首位享用牛肉的天皇。1872年明治天皇宣布废除肉食禁令，并带头亲自公开食用牛肉。

此外，包括红酒、啤酒、威士忌等现在世界主流酒种，也开始出现在日本人的餐桌上。明治维新后期，日本人认真学习葡萄酒酿酒技术，使得本国的葡萄酒品质有了很大的提升，得到了国外同行的认可。山梨县于1875年第一次正式生产出了自酿葡萄酒。

西餐也被国人逐渐接受。如今日本人餐桌上最常见的"盖浇饭"，也是在这一时期兴起的。甜点小吃方面，传统日式糕点"果子"得到了普及——明治维新之前，精致的"果子"是贵族、商人及神职人员等才能独享的奢侈品。明治维新之后，封建贵族、武士主宰的时代一去不复返，平民的力量成为社会主流，"果子"就此走入民间，使得大众也能够品尝其美味。随着欧洲糕点的传入，为了将日式糕点与其相区分，人们便将西式糕点称为"洋果子"，而将日式糕点称为"和果子"。随着东西方的交流，最早的面包房也开始出现在了日本的大街小巷，丰富了日本人的饮食文化。

4.建筑

旧时日本的建筑多为木质材料，西方文明传入日本后，日本的建筑形式发生了很大的改变。由于建筑材料的改变，建筑的风格也逐渐欧化。大城市中原先的木瓦式建筑风格逐渐转为了西方近现代的砖瓦、混凝土建筑楼群。也有不少西式住宅仍然沿袭日式传统，在门口设有玄关、使用日式隔门，保留榻榻米。经济状况比较充裕的人家，会在玄关旁特别附加一间西式客厅。类似这样的"和洋折衷住宅"——日式、洋式合璧成为当时住宅的一大特点。

1872年，银座发生了一场大火，当时整片街区被烧得满目疮痍。于是明治政府决定用西式的砖材搭建不易燃烧的街区，重新搭建后的街区就是银座砖瓦街。银座街区在建成后的两三年里也非常空荡，但是接下来的几年，迅速上升为繁华地区，在建成的20年后成为了日本的商业中心。

鹿鸣馆同样是当时东京城市建设发展的一个缩影。鹿鸣馆建于1883年，是一座两层西式砖瓦建筑。在19世纪末，其是日本政府官员与西方公使进行社交活动、举办舞会的主要场所。这座建筑是一幅历史的缩

图 3-10 鹿鸣馆白色建筑外观

（资料来源 360 百科，https://baike.so.com/doc/7611227-7885322.html）

影——明治时期的政治家试图通过城市生活方式的西化，影响日本国民的观念。

明治时代初期，在西洋化、现代化的发展风潮中，日本的传统文化受到了轻视，神社、寺院里的文物面临被破坏的危险。1889 年，日本为了保护这些文物，决定在东京、京都、奈良设立国立博物馆。其中，由片山东熊[①]设计的京都国立博物馆于 1897 年开馆。这是一座典型的巴洛克式建筑，采用红砖白柱的造型，青铜屋顶部分又融合了佛教与和风的建筑风格，堪称这一时代的代表作。

① 片山东熊，建筑家，毕业于工部大学校，经工部省、大藏省后进入宫内省，负责宫廷建筑。

图3-11　京都国立博物馆（当时称为"帝国京都博物馆"）

（图片来源　京都国立博物馆官网，https://www.kyohaku.go.jp/jp/）

5.宗教信仰

历史上，日本宗教最大的特色是"神佛习合"，即神道与佛教不分家，相互融合。然而，实际上是"佛主神从"的关系，即佛教为主，神道依附于佛教，处于次要地位。1868年制定"神佛分离令"，从制度上否定了日本自古以来神佛调和[①]的观点，开始明确区分神社和寺院。这么做并没有排除佛教的意思，而是为了让神道国教化，尽管表面上神道被视为"非宗教"，但在"神佛分离"政策的实施过程中，神道实际上被当作了"国教"。

1873年日本解除了对基督教的禁令。即便如此，政府对基督教一直

---

① 神佛调和，也叫"神仏习合"或"本地垂迹"。是说作为本源的佛，为了救助众生，垂迹于四方，以其他神的姿态出现。日本活用印度佛教的"本地垂迹"思想，说日本神道中的诸神，都是佛与菩萨的"化身"。

保持着警惕。到明治维新后期，基督教的传教活动得到解禁，基督教新教开始传入日本，并取得了长足的发展。

6.近代化教育体系

为了实现国民的文明开化，1871年设立文部省，主管全国教育。1872年文部省制定《学制》，开始全面兴办近代学校。政府取消了以儒学为中心的封建教育，效法西方建立起包括小学、中学和高等学校在内的教育体系，并努力在全民范围内普及初等义务教育。《学制》要求不分身份、不分地位、不分性别地普及义务教育，使一般老百姓"村无不学之户，家无不学之人"。

1868年，福泽谕吉将自行开办的私塾迁往东京地区，正式更名为"庆应义塾"（即日本现今的庆应大学），这是日本历史上第一所高等教育机构。日本现在最知名的大学也都创立于明治时代——1886年，日本政府颁布了《帝国大学令》，之后在日本设立了7所大学，也就是后来的东京大学、京都大学、东北大学、大阪大学、名古屋大学、北海道大学、九州大学。

7.艺术领域

艺术在明治维新期间的发展普遍都受到了近代西化风潮的影响。像文学领域内出现的翻译小说、政治小说、写实主义小说，近代新体诗歌、俳句、和歌的改良运动；舞台艺术创造上新剧本、歌舞伎剧本的改良；美术领域内西洋画、雕刻、建筑、陶瓷的发展；音乐领域内西洋乐器以及现代交响乐的融入——西方近代艺术给日本艺术界的各个领域都带来了冲击。因此这一时期的艺术特征就是日本艺术与外来艺术融合与创新的过程。现如今日本艺术在世界艺术界也占有一席之位，各个领域都不乏东西方观念的相互融合与创新。

综上所述，明治维新可以说是从头到脚改变了日本人的衣食住行，它所带来的新事物和新习俗延续至今。没有明治维新，就没有今天的日本。

第四章
明治维新：日本近代工业化崛起之路

明治维新是一场由国家自上而下发起的，以全面学习西方为主要形式的改革运动。它推翻了日本德川幕府的封建统治，为日本政治、经济的近代化发展扫除了障碍，为日本近代工业发展奠定了基础。

一、日本近代工业发展的历史背景

（一）生产关系的变革

1869和1871年，明治政府先后实行"版籍奉还"和"废藩置县"，取消了各大名对本藩的统治权，建立中央集权式的政治体制，由中央政府直接统治全国的土地和人民。以此实现了全国范围内的统一管理，这为之后经济的发展奠定了市场条件。

1872年，政府废除旧的封建称号，宣布"四民平等"，即士、农、工、商各个等级一律平等。规定各个等级都有居住、迁移、选择职业的自由。通过改革封建等级身份，增加了自由劳动力数量。

明治维新的另一个重要内容是地制改革和租税改革。1872年政府废除了《禁止土地买卖法令》。在地制改革之后，为了增加财政收入，实行了租税改革，宣布农民不再向领主缴纳年费，但佃农必须向地主缴纳地租，土地所有者向政府缴纳地税。地税一律用货币缴纳，一般占土地收获量的25%。由此地税收入成为国家财政的主要来源。政府从地税收入中拨出大量款项创办模范工厂和资助私人企业，为工业发展提供了基本的启动资金。

此外，政府鼓励商人贷款，扶植私人企业，取消了官吏的世袭继承制度，任用积极进取的近代工人来管理政治事务，将散居的下级武士吸收到了新建的工厂当中，让他们学习先进的工业技术，很快这些人成为工业管理的专业人才。

（二）有选择地引进西方先进制度

明治维新之前的日本同当时的中国一样，采取的是"闭关锁国"的外交政策。明治维新以后，为了尽快发展资本主义，日本政府倡导全面学习西方先进的科学技术。在大力引进先进技术的同时，大量聘请国外各行各业的专家。结合本国国情，在融合中创新，在吸收中改良，最终建立起适合日本的近代化发展体系，这一体系大大促进了日本近代工业化的发展。

（三）发达的近代教育体系

江户时代的日本，出版行业十分繁荣。1854年江户幕府与美国签订

《日美和亲条约》，美国向日本赠送了一批电报机、蒸汽机车的模型和资料。一年后佐贺藩①便自行研发了蒸汽机车，宇和岛藩②还建造了蒸汽船。这些事实都说明，江户幕府时代的日本已经拥有了大量人才储备。

明治维新之后，日本政府大力推进义务教育，相继设立了多所师范院校，同时聘请了近千位外国专家前往日本任教，为学生传递先进的思想理念。在这种近代教育下，日本民众的知识水平普遍提高，促进了日本科学技术的进步，为工业发展奠定了人才基础。

（四）西方技术支持

从世界工业发展史看，18世纪60年代，英国发起了一场以机器代替手工的技术革命。到19世纪60年代，英、法、美、德等西方先进国家已先后经历了工业化革命的飞跃时期，科学技术发展达到一定高度。西方发达的科学技术为日本指明了工业改革的方向，使日本的改革拥有了可以借鉴的模板，使得先进科学技术的引入成为可能，从而大大加快了产业革命与工业化的进程。

（五）相对宽松的国际环境

明治维新时期，国际环境相对和平。美国忙于国内的南北战争，德国和意大利正处于统一的高潮期，俄国也在进行着农奴制改革。世界处在自由竞争资本主义时期，争夺殖民地的高潮尚未到来，西方列强侵略矛头主要指向中国，加上亚洲民族运动的兴起，特别是中国的太平天国运动牵制了西方列强的势力，为日本提供了有利的国际环境。

---

① 佐贺藩（当时的肥前藩），是日本江户幕府时期的一个藩属地，位于日本九州岛西北部（今日本佐贺县），幕末倒幕运动中四大强藩之一。
② 宇和岛藩是日本江户时代的一个藩属领地。藩厅位于宇和岛城（今爱媛县宇和岛市）。

二、近代工业化革命的基本措施

为了发展经济，推进工业文明的进程，明治政府推行了殖产兴业政策。其主要内容是运用国家政权的力量，以各种政策为杠杆，用国库资金来加速资本的原始积累过程，并以国营军工企业为主导，按照西方的样板，大力扶植日本资本主义的成长。其主要内容如下：

一是废除各地关卡，培育和发展全国统一市场；建设铁路，发展航运、邮政、电报和电话等近代交通通信事业。

二是接管幕府和各藩的工矿企业，加以改造和扩充，以形成国有的企业体系；大力创办各种称为"模范工厂"的新式近代企业。

三是引进西方先进技术和设备，改造原有技术和工具。

四是采用奖励、保护等多种方式，鼓励生产优质新产品和发明创新；举办交流会、博览会，以推广先进技术。

五是扶植与保护私人资本，促进私人企业发展。

六是奖励国产，鼓励国货出口。

三、工业化革命的进程

（一）大力兴建基础设施

明治政府首先废除了阻碍近代工业发展的封建制度，如关卡、驿站及工商业者行会之类，在此基础上积极推进基础设施的建设。1869年第一次用电报联通了东京和横滨，仅5年后，电缆就从长崎延伸到了北海道。1871年建立现代邮政制度，各地都设立了邮局，开始发行邮票和明信片。1872年在长崎和上海之间铺设了海底电缆，日本成为全球海底电缆网络的一部分。1876年美国的贝尔发明了电话，次年就被日本引入。

在交通方面，改善交通条件，修建近代铁路、公路。1872年日本建成东京与横滨之间的铁路，这是日本第一条铁路线，全长29千米。1874年大阪—神户铁路开通，1877年延长至京都。之后更多铁路陆续开通。到明治中期，铁路网线迅速遍及全国，至第一次世界大战前夕，日本全国铁路里程超过8000千米。[①]

此外，政府还大力加强对全国主要公路的改造工程，实现了货车运输的畅通无阻。电话、邮政和铁路等基础设施相继完善。日本政府一方面出高薪引进西方技术人才，另一方面不断派出留学生学习西方先进技术。数年后，这些留学生带着先进技术回国，使西方先进技术本土化——日本在1870年修建铁路时，从测绘人员到施工人员甚至火车司机，都是欧洲人，然而1878年修筑京都到大津的铁路时，已经具备了自主设计的能力。三代歌川广重所作《东京汐留铁路开通典礼图》，表现的是1872年举行的铁路开通仪式，描绘了明治天皇的专列由横滨返回新桥停车场时的场景。

除了陆路交通，明治政府也大力发展海上交通，对民营企业三菱公司（海运公司）给予了强力保护，使之得以与欧美的汽船公司相抗衡。

（二）兴办国营军事工业

为了贯彻执行殖产兴业的方针，明治政府决定大力创办国营企业，

① 野田正穗等：《日本的铁道——成立与展开》，日本经济评论社1994年版。

图4-1 《东京汐留铁路开通典礼图》

（资料来源　港区立乡土历史馆网站，https://www.minato-rekishi.com/）

由国家资本带头实行资本主义工业化，以便加速推进资本原始积累和产业革命的进程。

1870年成立工部省，下设矿山、铁路、土木建筑、造船等局。作为全面负责推行殖产兴业政策的领导机关，工部省首先接管了幕府和各藩经营的军工企业和矿山，创办了官营企业，引进西方先进的生产技术和设备。

1868年接收幕府的"关口制造所"，创办了东京炮兵工厂。19世纪70年代初，聘请法国和比利时的技师，并从英国进口机器设备，逐渐加以充实。1875年该企业已经拥有五金、火药、鞍工、木工、锻冶和铸造等6个作业场，还有"板桥火药制造所"作为它的附属工厂。1877年西南战争时，因军事上的需要，又增设机械制造部门，1879年后专门负责枪炮等武器的生产。

1870年接收幕府办的"长崎制铁所"，并迁至大阪，创立了大阪炮兵工厂，专门负责生产和修理火炮。1879年该厂已拥有炮身、炮弹、炮车、火药及步枪修理等5个作业场。之后又采用欧洲近代技术，着手生产钢铜炮，在制造火炮的技术上开始有了很大进步。

1868年在接收幕府办的"横须贺制铁所"的基础上，成立了横须贺海军工厂。1880年第一次在无外籍技术人员帮助之下，建成了由日本人自己设计的军舰——"磐城号"。

图4-2 "磐城号"军舰

（资料来源　明治历史网，https://baijiahao.baidu.com/s?id=1768778471725807593&wfr=spider&for=pc）

经过不断充实、扩建，到1885年前后，陆海军工厂整编完毕。陆军的东京炮兵工厂、大阪炮兵工厂和海军的海军兵工厂、横须贺海军工厂成了国营企业的中心，在扶植资本主义发展、开展产业革命、实现资本主义工业化方面起了主导作用。

在私营机器制造工业极为薄弱的情况下，很早便实现技术近代化的这些国营军工企业，成了国产机器设备的主要供应来源。例如，横须贺海军工厂1869年就为生野矿山制造几十种采矿机械和800多种生产工具。[①]1880年以后，又为爱知纺纱厂等纺织企业制造水车动力涡轮机。大阪炮兵工厂也为大阪纺纱厂生产了相当多的机床、齿轮及其他机械用具。

为了制造各种机器以适应产业革命的需要，明治政府在接收幕藩营军事工业的基础上，还成立了长崎、兵库两个造船局。它们除制造和翻修船舶外，还生产各种机器。

明治政府还专门成立了一个制造机器的企业，称为"赤羽工作分局"。这个机器制造企业分工齐全，机器设备多达130多种。不仅为制造工业生产机器，也为农业和桥梁建筑等部门生产各种机器和工具，为工农业的近代化提供了很多帮助。

明治初年创办的国营军事工业作为近代大工业的重工业部门，规模还不够大，尚且不能为大机器生产的快速发展提供充足的生产设备，大宗机器设备主要还是靠进口。然而，在当时的历史条件下，作为日本唯一的重工业部门，国营军事工业为国民经济的资本主义化尽其所能广泛地生产了一大批生产设备，其作用不容忽视。

（三）国营模范工厂的建立

除了大办国营军事工业之外，明治政府于1873年又成立了内务省，与工部省配合，共同推进殖产兴业的发展。

内务省利用国家资金，由政府直接建立了各种工业部门的"模范工厂"，来推动资本主义工业化。最初所办企业有造船、缫丝、纺织、酿酒、

---

① 万峰：《日本近代史》，中国社会科学出版社1978年版，126—128页。

玻璃等典型工厂。这些工厂由国家投资，引用西方先进技术设备，聘请外国技师，其目的是让它们起示范作用，供私人资本主义企业仿效，以此推动资本主义工业的发展。

其中最有成效的当数纺织行业。19世纪80年代，法国、意大利等欧洲国家的养蚕业由于遭受病虫害而大规模减产，而生丝恰好是日本传统的出口商品，这使得日本的生丝出口规模大增。在接受西方工业化之后，日本又将传统丝绸纺织与法国缫丝技术进行结合改良，从而在出口市场获得先机。

在政府的大力支持下，这一时期出现了一大批优秀的国营企业。这

图4-3 入选世界文化遗产的富冈制丝厂

（资料来源 https://www.japan-travel.cn/world-heritage/tomioka-silk-mill/）

些企业不仅规模大，而且具有较高的技术水平。如四大纺织工厂：富冈制丝厂、新町纺织所、千住呢绒厂和爱知纺织厂。此外，还有水泥厂、玻璃制造厂、火柴厂和酿酒厂等一大批近代企业。

其中最著名的当数富冈制丝厂。富冈制丝厂创立于1872年，地处群马县，位于东京湾区最北部，是当时世界上规模最大、机器最先进的纺织厂，堪称日本乃至世界近代纺织业的巅峰，培养了大量成熟技术工人与专家，促进了日本纺织业的发展，为日本带来大量外汇收入。许多技术熟练的纺织女工，后来被派往全国各地的纺织厂。

1873年明治政府创立"品川兴业社硝子制造所"（位于现东京品川区），是日本首家硝子工厂，也是日本近代硝子生产的开端。在这里日本第一次生产出了近代的玻璃。

图4-4　品川硝子制造所老照片

（资料来源　品川历史馆网站，https://www.japan-kogei.com/edokiriko-about.html）

图4-5 "江户切子"——传统手工艺与现代工业的完美结合①

（资料来源 https://www.yamadaglass.tokyo/items/14176965）

在农牧业方面，明治政府也创办了一些农业试验场 、农业育种场、农具厂和"模范牧场"，以及国营林场。同时，在农牧业、果树园艺业及茶桑种植方面，广泛地进行大规模工厂机器生产的示范活动。

到了19世纪80年代，国营企业的任务基本完成——工业现代化已具备了一定的规模，先进技术设备得到推广，培养出了大批技术工人。与此同时国营企业大多亏损，无以为继。所以政府在1880年发布"官业下放令"，决定从1880年11月起，将军工、铸币、通信、铁道、印刷等特殊部门以外的官营企业廉价处理给三井、三菱、川崎、古河等特权大资本家。

在决定将国营企业划归私人时，最初索价甚高，以致资本家们无人

---

① "江户切子"的历史可以追溯到19世纪30年代，发源地为东京。"切子"这个词，在日文里指的是雕花玻璃器皿，是由玻璃匠人用金刚砂在玻璃表面进行雕刻形成的艺术品。

问津。到1884年政府决定降低出售条件，对大工业企业，尤其是三菱、三井等与政府有良好关系的商家，给予特殊优惠。不仅将官办企业廉价处理给他们，而且发放巨额补助金或给予足够的银行贷款等。最终国营企业（除部分军事工厂外）均按低价、无息、长期分期付款的方式出售。购买者不需要拿出现款就可以接管这些国营企业，等赚取利润后再向政府分期付款。实际上等同于政府把这些国营企业出售给同它关系密切的特权大资本家以及少数经营近代工业的新型资本家。例如三井公司购买了三池煤矿、新町纺织所和富冈制丝所。三菱公司购买了长崎造船所、佐渡金矿等。这样一来，原来主要从事商业和金融活动的大资本家变成了大工矿企业主，从而奠定了他们后来发展成为财阀的基础。

"官业下放令"加速了工业化的进程，国营模范工厂出售给民间资本，这标志着日本殖产兴业政策的根本性转变，从而完成了国家工业资本向民间资本的转移。

（四）私营企业的发展壮大

由于政府的大力扶持和保护，从19世纪80年代中期起，在日本出现了私人创办和经营企业的高潮。

首先以纺织业为中心的轻工业部门开始了产业革命，发展特别迅速。在此期间出现了一批规模很大的近代企业。以最早实行企业近代化的大阪纺织公司为例。它不仅实现了生产机械化，而且创造出以蒸汽机为单一动力的机械体系和技术体系，为实现工业化奠定了基础。在它的带动下，1887年至1893年出现了早期产业革命的热潮。1万个纱锭以上规模的大纺织公司相继建立起来。其中钟渊纺织公司拥有纱锭近3万个，纱锭激增，工厂数量增多，生产也成倍地增长。在1885—1890年的短时期内，棉纺厂就从20个增加到30个，棉纱的产量也增加了大约8倍。[1]到1890年，日本已从棉纺织品进口国变为棉纱出口国。这标志着以纺织业为中心的轻工业部门初步实现了工业化。

图4-6　位于名古屋三重县的纺织厂

（资料来源　https://baijiahao.baidu.com/s?id=1595101600161561755）

其他行业，如制丝、造纸、制糖等轻工业企业，也不断靠进口设备，在国家帮助下加速了企业的近代化进程。

从1877年到1900年，食品、纺织业对制造业增长的贡献程度分别为40％和35％，两者合计为75％，也就是说，在19世纪后期日本的工业增长中，3/4是依靠轻工业的发展。其中，作为主导产业的纺织业通过引进西方先进技术逐渐成长为近代化的产业。

进入20世纪，重工业和化学工业逐渐发展起来，特别是经过中日甲

---

[1]　万峰：《日本近代史》，中国社会科学出版社1978年版，第129页。

图4-7　名古屋瓦斯工厂

（资料来源　https://baijiahao.baidu.com/s?id=1595106100161561755）

午战争、日俄战争，由于扩充军备的需要，与军事有关的钢铁、造船、海运、铁路等产业迅速扩大。作为新兴产业的电力、电机、通信、机床、车辆、化学、药品等产业也成长起来。1887年至1889年，全国还出现了山阳、九州、北海道、关西四家私营大铁路公司，使用蒸汽动力的船舶总吨位也有很大增长。至此可以说日本近代工业的主要部门都已建立，并跻身于世界纺织工业发达国家的行列。

明治政府认为中小企业与大工业是互相补充的关系，不可缺少。因此政府在大力扶植大型企业的同时，对中小企业也制定了各种保护政策。不仅从中央到地方普遍建立了针对中小企业的技术指导所或讲习所，还制定了经费补助制度、府县工业技师制度、机器购入制度等。以此确保中小企业不断得到新技术的支持。

经过19世纪80年代后期至90年代初产业革命的第一个高潮，日本近代化工厂企业不断增加。1868年时全国只有405个工业企业，且主要是手工业工厂，至1893年就增加到3344个。不仅数量大大增加，而且绝大部分是近代化企业。

在明治政府一系列政策的调控下，日本在很短的时间之内，大大改变了工业落后的面貌，初步实现了资本主义工业化，全国经济有了显著发展。按国内生产总值统计，仅1884—1886年平均生产总值就达7.89亿日元。全国耕地面积增加，农业生产力也有了相当大的提高。国民经济的迅速发展，使得人口数量不断增加。明治政府成立后不久的1872年，日本全国人口总计3400万左右，1890年增为4050万。

明治政府推行的殖产兴业政策，使日本在经过第一阶段大力创办国营企业，第二阶段"处理"国营企业，大力扶植私人资本主义的发展，又经过早期产业革命的热潮，到了19世纪90年代初，终于初步地实现了资本主义工业化。从此日本便从一个封建的农业国初步变为一个资本主义工业国，从而为日本在20世纪初经济的起飞奠定了坚实的物质基础。

四、日本产业革命和工业化的特点

19世纪80年代初开始的日本产业革命，与西方国家相比，有许多独特之处。

第一，西方国家都是资本原始积累过程在前，产业革命在后。日本是产业革命和资本的原始积累同时进行。这主要是因为明治维新前夕社会经济极为落后，资本主义经济尚处于萌芽阶段。资本原始积累过程，是在开始资产阶级改革后才真正开展起来的。因此，日本在明治维新时是一面加紧推行资本原始积累，一面大力开展产业革命。

第二，明治政府为了兴办官营企业及扶植、保护私人资本主义，付出了大量的国家资金。从推进资本原始积累的种种政策和措施，到创办国营企业和"处理"这种企业，日本国家资本的作用都表现得非常突出。这一点从世界范围来看都是不常见的。

第三，日本的产业革命大力学习西方先进的技术、成熟的经验，因而工业近代化速度惊人。

第四，产业革命一般来说都是从轻工业开始，然后再扩展到重工业，这是普遍规律。日本在明治维新时开展的产业革命，则是首先实现军工生产为主的国营重工业的近代化，以国营重工业的军工企业来带动以纺织业为中心的轻工业实现近代化。

第五，刚建立的明治政府尚处于西方列强的不平等条约的束缚下，未能摆脱半殖民地危机。因此，明治政府在"富国强兵"的方针下，大力引进西方先进国家的科学技术。一开始日本政府采取的是全面西化的态度，可是在实施过程中出现了很多问题，于是政府将这些措施进行了改善，在吸收西方技术、改良功能的同时，不断提高产品品质与美观度，立足本国实际，坚持引进必须结合国情，西方经验不能照搬，走出了一条适合自身的发展道路。

第五章
明治与"世纪末"文学

———

　　尽管明治维新是一场不彻底的资产阶级革命，但它迅速改变了日本社会，带来了从经济基础到上层建筑的重大变化。

　　明治时期是日本近代文学最繁荣的时期。明治文学的时代特征鲜明，反映了明治时期巨大变革中动荡的社会现实。在50多年的时间里，明治文学经历了繁荣、昌盛和逐渐衰退的阶段。西方的各种文艺思潮涌入日本，争奇斗艳。反映西方近代文学的三大文学潮流，即现实主义、浪漫主义和自然主义，在文学界大放异彩。50多年的时间里，日本文学比以往任何时代都要丰富多彩，正是这个时代作家和作品的多样性，才使明治时期被认为是日本文学的黄金时代。

　　关于明治时期的日本文学，有很多不同的分类方式。一般将明治元年（1868年）至今的作品归为"近代"，其间明治、大正时期为近代前期，昭和以后称为近代后期。明治时期的文坛可谓百花齐放。

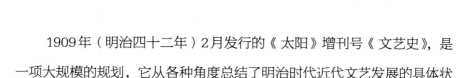

1909 年（明治四十二年）2 月发行的《太阳》增刊号《文艺史》，是一项大规模的规划，它从各种角度总结了明治时代近代文艺发展的具体状况。据《文艺史》的观点，明治文艺思想的推移可分为四个阶段：

第一期，1868 年至 1887 年（明治二十年）前后的欧化主义[①]；

第二期，1887 年前后至 1897 年（明治三十年）前后的国粹保存主义[②]；

第三期，1897 年（明治三十年）前后至 1902 年（明治三十五年）或 1903 年（明治三十六年）的日本主义[③]；

第四期，明治 30 年代中期以后至今的"世纪末思想"[④]。

一、欧化的社会

1868 年（明治元年），自然主义文学从欧洲传入日本。日本对西方思想的吸收只浮于表面，没有充分消化。明治时代的前 20 年是一个从早期近代性到近代性的过渡时期，西方思想文化涌入，在其强烈影响下，文学的近代条件逐渐准备就绪。这些变化的主要内容是："文学"一词的含义

[①] 明治前半期的制度、风俗等的欧化政策，一般指采取的直接引入欧洲风俗的政策。政府的欧化政策以服装、风俗的西洋化为始，形成针对语言、小说、戏剧、美术等的改良运动。

[②] 明治前期的盲目西化引起国民对丧失本民族的灵魂的担忧，因此引发的保护民族文化，反对全盘西化的思潮。

[③] 日本主义固守日本传统文化，拥护国粹，以此来反对欧化主义、民主主义和社会主义。没有形成一定的思想体系，观点因人而异。他们在政治上反对欧美协调主义，强调对外推行强硬政策。代表者有三宅雪岭（1860—1945）、高山樗牛（1871—1902）等。到了大正时代与昭和时代，日本的资本主义进一步发展，导致了阶级对立的激化，日本主义便强调以天皇为中心的皇道或国体思想，以此反对社会主义与马克思主义。

[④] 明治 40 年代，迎来全盛期的自然主义面临着质疑和挑战。日俄战争的胜利引发了日本对于文明开化政策及功利主义的批判与反思。尼采的个人主义、易卜生的自我解放思想，以及颓废倾向的氛围，构成了明治 30 年代中期以后"世纪末思想"之基础。

从近代早期以儒学为中心的武士阶层的一般教育的概念，转变为作为语言和艺术的统称术语的近代概念，小说开始占据首要位置；随着自由主义民权运动领导人所写的政治小说的流行，文学作为知识分子的作品，其价值得到了认可；坪内逍遥（1859—1935）等人也尝试对其理论化，学校教育、活版印刷和大众传媒的发展使读者群急剧扩大。此外，这一时期也开始尝试新的诗歌风格，即寻求一种新的押韵表达方式来取代传统的汉诗和和歌。

这一时期是明治初期到1886年（明治十九年）前后。明治维新后，政府和人民的关注点立即转向政治、经济和社会制度的改革。文学虽没有摆脱旧的状态，却以启蒙的形式吸收西方文明，对整个社会产生了重大影响。从文学角度看，这一时期日本文学正在向近代过渡，出现了用江户末期的文学手法描绘明治时期文明开化新风尚的戏作文学，即转向期文学。伴随文明开化应运而生的翻译小说和由自主义民权运动孕育的政治小说，促使小说成为知识分子强烈的感情寄托。此外，印刷和报纸的不断发展、学校教育普及和识字人口增加，也为近代文学的发生发展奠定了外部基础。

新时代之初，明六社①的西方学者倡导对社会有用的"实学"②，重视新的学术和文学，为人民的教育和启蒙作出了贡献。其中，福泽谕吉（1835—1901）熟悉外国发达国家的情况，从明治元年起，他致力于引进西方思想，间接对新文学的发展起到了指导作用。福泽谕吉从功利主义的角度出发，打破了旧有的习俗，通过《世界国尽》《劝学篇》《文明论之概略》等作品，在民间倡导独立自主的精神，激励国民发愤图强。此外，加

---

① 这是日本明治初期新型知识分子组成的具有启蒙性质的思想团体。首创者森有礼（1847—1889）为首任社长，核心会员有福泽谕吉、津田真道、加藤弘之、中村正直、神田孝平等人。
② "实学"提倡把不切实际的学问放在次要地位，而专心致力于接近世间一般日用的实学。

藤弘之（1836—1916）引入了德国的民族权利思想，中江兆民（1847—1901）引入了卢梭的民权理论和法国的自由民权思想，新岛襄（1843—1890）引入了基督教思想。他们引入了新的文学知识，促使人们了解西方思想。

明治维新后，尤其是西南战争[①]后，社会稍稍安定下来，对西方文化的吸收也延伸到了文学领域，翻译和改编作品开始流行，新的文学流派应运而生。丹羽纯一郎（1851—1919）的译著《花柳春话》是翻译小说的代表作，其摆脱了西方人情小说的桎梏，为新文学取代戏作文学铺平了道路。1877年后的12年间，大约有150种不同的文学翻译作品出版。翻译文学的流行让人们意识到言文一致的必要性，促使新体诗崛起。

1874年（明治七年），板垣退助（1837—1919）等人发表的《民选议院设立建白书》引发了以争取民权为主题的全国性的自由运动，公众要求设立国会，对政治的兴趣日益浓厚。小说的创作意识不再像戏作文学那样，而是开始宣传政治思想，出现了试图将意识形态和社会方面的内容纳入其中的政治小说。这些政治小说的作者大多是政治家，对文学涉猎不深，这使得他们的表达方式很生硬，人物塑造也刻板化。政治小说同翻译小说一起，为新时代文学的兴起开辟了道路。

为日本文学带来近代内涵的第一人是二叶亭四迷（1864—1909），他从俄国文学中吸取了高水准的现实主义理论，随后是森鸥外（1862—1922），他从德国留学归来，在文艺批评、诗歌和翻译等各个领域大力推行带有浪漫主义色彩的启蒙运动。

---

① 西南战争发生于1877年（明治十年）2月至9月间，是日本明治维新期间平定鹿儿岛士族反政府叛乱的一次著名战役。因为鹿儿岛地处日本西南，故称之为"西南战争"。

二、国粹主义兴起

明治维新后，明治政府片面推行了"欧化"政策。一些极端分子甚至不顾家国情怀，主张改变人种，废除日本文字，鼓吹"全盘西化"。1888年，三宅雪岭和志贺重昂成立了政教社，并出版了《日本人》杂志，反对盲目的西化，以保持民族特色。

1886年至1896年间，日本社会各界都掀起了积极吸收西方文化的小说改良运动，试图改革旧的文化。以西方文学理论为模式的文学新运动也是其中一环。坪内逍遥、二叶亭四迷，砚友社都是这一运动的代表。

在这一时代环境中，莎士比亚研究者坪内逍遥于1885年出版了《小说神髓》。该书主要基于18世纪的英国文学，阐明了文学的本质，解释了写实主义手法。该书认为，文学既不是道德的仆人，也不是政治宣传的手段，它应该有独立性，可以复制和再现人类的感情，描绘世态风俗。[1]也就是说，文学应摒弃戏作文学惩恶扬善的套路，转向写实主义。

《小说神髓》开辟了日本现实主义文学道路。小说不再只被当作妇女和儿童茶余饭后的消遣，而是具有被成年人和学者鉴赏的价值。作为一部以人文主义和写实主义为核心的开创性理论著作，它是一个风向标，预示着日本近代文学的曙光，有着不可磨灭的贡献。

坪内逍遥运用《小说神髓》中的理论创作了《当世书生气质》。这部小说大约在1885年（明治十八年）出版，共17卷。它描写了东京一所私立学校学生的生活，还描述了他们与艺妓的爱情故事。但很难将其视为真正的近代写实主义小说，因为它展示了旧式爱情的道德观，并带有浓厚的

---

① 坪内逍遥：《小说神髓》，刘振瀛译，上海译文出版社2010年版，第101页。

人情小说和滑稽小说之残余。然而，它是日本第一部近代写实主义小说，后来成为砚友社的有力支撑，作为新文学时代的风向标，具有极大的启蒙意义。此外，它作为当时精英文学家写的小说，吸引了公众的注意，提高了文人的社会地位。

随后，《小说神髓》的理论被二叶亭四迷实体化，著成《浮云》。与企图从英国文学的角度开启新文学不同，二叶亭四迷研究了19世纪的俄国文学，特别是在别林斯基的《艺术的概念》的影响下，批判地吸收坪内逍遥的理论，提出了自己的写实主义。他认为，内在的思想比外在的形式更重要，艺术是将情感以具体的形式表达出来的过程，因而临摹是必需的。临摹不是对现实的再现，而是通过感受来捕捉内心的真实，也可以说是借实写虚。这一写实主义超越了《小说神髓》中朴素的写实主义，是优秀的小说理论之一。

《浮云》是一部长篇小说，也是日本第一部现实主义小说。小说刻画了正直笨拙的主人公内海文三、圆滑世俗的本田昇、美貌多情的女子阿势和她极其势利的母亲阿政，通过细致的心理和动作描写，影射出"日本文明的内里"。通过准确捕捉主人公内海文三的心理以及他的外部环境和关系，作者生动地描绘了一个自我意识觉醒的年轻人的悲剧，他在封建体制下受苦受难，在社会上孤立无援。二叶亭四迷关注知识分子的内心生活，创新性地用言文一致[①]的文体自由表现人物形象，为近代文学的未来指明了方向。此外，二叶亭四迷以精炼的言文一致体翻译了屠格涅夫的《猎人笔记》，其对原文的彻底忠实性是日本文学翻译史上的一座里程碑，而其清新的口语化风格和精湛的自然描写，给包括国木田独步和岛崎藤村在内

---

① 对日本自明治维新开始直到二战结束的语言变革过程的统称，其内容包括文字（"国字"）、文体（"国文"）以及通用语（"国语"）和文学等诸多方面，所波及的对象包括日本的民俗社会和国家形态等诸多层面。

的许多文学家留下了深刻印象。

砚友社是日本的第一个文学社团，由尾崎红叶、山田美妙等人于1885年成立，出版了期刊《我乐多文库》，对修辞技巧和文本进行精心改进，自称是"乐天派"。他们学习元禄年间井原西鹤的写作技巧，以写实的方式描绘了新时代的礼仪和风俗，在文本表达和情节设置上也很用心，但他们仅关注人类个体，是一种肤浅的写实主义，一般被认为是向真正的近代文学过渡的一种过渡性文学。后来广津柳浪、岩谷小波、泉镜花、德田秋声、川上眉山等人的加入，使砚友社一度成为拥有百名成员的大团体。其中首先崭露头角的是山田美妙。他与二叶亭四迷几乎同时尝试用言文一致体进行小说创作，其时代故事《武藏野》一举成功，短篇小说《夏立木》《蝴蝶》也广受好评。

继山田美妙之后，尾崎红叶成为砚友社的领导者。他学习了坪内逍遥《小说神髓》中的写实主义手法，并受到《当代书生气质》的鼓励，但他除了学习表面的风俗写实之外，对古典主义的学习反而更多。在第一部作品《两个比丘尼色忏悔》之后，他受到假名草子①的启发，以两个年轻女子对一个年轻武士的悲剧性爱情为中心，创作了《变幻的人情》和《眼泪》等文章。尾崎红叶仿照井原西鹤的《好色一代女》创作了《香枕》，以类似井原西鹤的简洁风格获得了成功。在《二人女房》中，他尝试了简体的言文一致体，从《三人妻》巧妙的叙事结构也可见他受井原西鹤影响之深。在《多情多恨》中，尾崎红叶一转创作风格，以平凡的事件显示深刻的心理变化，展现出精湛的心理描写技巧，成功地使用了言文一致体。这部作品也得以成为他的代表作。随后，尾崎红叶顺应社会潮流，创作了

---

① 假名草子是兴起于日本17世纪初到17世纪80年代的一种通俗文学作品，体裁以小说物语为主。因这类小说全用假名写成，所以叫假名草子。

《金色夜叉》，描绘了资本主义制度下人性与金钱的冲突，但最终没有完成。

幸田露伴和尾崎红叶一样，受到《小说神髓》的启发，以井原西鹤式的拟古典主义文体而声名鹊起。与尾崎红叶女性化、面向大众的文学相比，他以自己独特的风格建立了一种硬朗、东方哲学式的男性文学。他以崇尚艺术的《风流佛》获得文学界认可，又在《五重塔》中以有力的笔触描绘了一个普通工匠的强烈艺术抱负，并以此确立其文坛地位，被人们并称为"写实主义的红叶，理想主义的露伴"，这一时期也被称为"红露时代"。幸田露伴的作品虽然是写实主义风格，但其独特之处在于传达了一种奇幻怪异的妙趣，且灵活运用了汉语和法语，在不满足于软弱文学的知识分子中颇受喜爱。他还著有《捕鲸者》《风流微尘藏》，但他过度拘泥于旧的传统，并不算是一位真正的近代作家。

樋口一叶最初在和歌界出道，后来师从幸田露伴成为作家，在贫困和病痛中度过了晚年。她通过与《文学界》[①]同人的交流切磋，发展了自己的浪漫主义，创作出《青梅竹马》《十三夜》《浊流》等著名作品。通过描绘在旧时代的不幸中痛苦挣扎的女性，展现出杰出的创作才能。《大年夜》等代表作以维俗折衷的风格写成，体现了浪漫的诗情画意，使这位女作家超越了她的时代而闻名。她的日记传达了贫苦生活中动摇的内心世界，将生活在明治时代的女性苦恼表现得淋漓尽致，是优秀的日记文学。

随着国粹主义萌芽，尾崎红叶等人的砚友社逐渐壮大，元禄风的文学也开始出现，对文学界的统治一直持续到中日甲午战争前后。森鸥外文

---

① 《文学界》是日本文学杂志。它是从岩本善治主办的《女学杂志》中分出来的，1893 年 1 月独立并发行创刊号。"文学界"派作家多为早期受过基督教思想洗礼的进步青年，他们信奉感情主义、在西方文艺复兴文学和浪漫主义文学的刺激下，代表时代的新思潮，开展了一场浪漫主义文学运动。"文学界"派以北村透谷的评论、岛崎藤村的新诗和樋口一叶的小说为代表，提出了人的自由和个性解放的主张，批判了封建道德伦理思想。

学的浪漫主义影响着北村透谷、岛崎藤村和其他"文学界"派同人，也影响了后来的诗歌杂志《明星》。

三、日本主义

中日甲午战争之后，日本开始实行资本主义体制，这一社会现象开始渗透在文学作品中。新闻界也活跃起来，文坛迎来了新的转机。"观念小说""悲惨小说"的流行揭开了社会小说流行的序幕，随后与初期社会运动相结合的社会主义小说也开始涌现。此外，文学家开始关注"自然"。

从1891年到1906年，一场新的运动在日本社会兴起。一群年轻人在西方文明的刺激下，试图从半封建社会中建立和解放他们的"自我"，寻求一个与旧文学不同的世界，这就是明治时期的浪漫主义。浪漫主义源于英文romanticism，是17—18世纪欧洲兴起的一场艺术思潮，它反对古典主义和理性主义，在19世纪上半叶成为一场席卷整个欧洲的文学和文化运动。其核心是寻求自我的解放、尊重个性、讴歌自由、释放激情，打破传统和惯例。在日本，一般把明治20年代的《文学界》、明治30年代的《明星》和40年代的《昴》分别当作早期、中期和晚期浪漫主义的代表。然而，日本的浪漫主义在半封建社会中并未表现出足够的"个性"，无疾而终。

1889年，森鸥外结束了为期四年的德国留学，带着对各种文学、艺术和哲学的新知识开始了雄心勃勃的写作和启蒙活动。他翻译诗集《于母影》，还出版了日本第一本真正的文学评论杂志《栅草纸》，并与石桥忍月就德国的哈特曼美学进行了争论，对坪内逍遥发起了"没理想论争"①。将文学评论定位为文学的一种形式是他的功绩之一。在小说领域，森鸥外留学德国四年归国后，创作了所谓的"德意志留学三部曲"：《舞姬》《泡沫记》《信使》。这些短篇小说的异国情调和浪漫色彩深深地打动了当时的年轻人。尤其是《舞姬》，以柏林为背景，通过描述一个近代性的、自我觉醒的年轻人太田丰太郎的苦恼，引起了明治时期青年的深刻共鸣，与《浮云》并称为日本近代文学的先驱作品。此外，他还将安徒生的《即兴诗人》以拟古典主义风格翻译，超越了原作。他的《诸国物语》等翻译小说对下一代年轻人有很大影响，优雅的风格体现了森鸥外早期的浪漫诗情。

高山樗牛以浪漫抒情的历史小说《泷口入道》出世，后来转向文艺评论，主要活跃在综合性杂志《太阳》。他与森鸥外一样拥有深厚的美学知识。中日甲午战争后，他主张日本主义，倡导尼采的个人主义、超人主义。在《论美的生活》中，他提出了一种浪漫的生活：在本能的满足中找到幸福，这才是最具美学价值。晚年，他倾向于日莲佛教②，宣扬"个人"的尊严。这表现出他在浪漫的自我与残酷的现实之间的徘徊，而这一徘徊恰恰体现出混沌的浪漫。他的审美生活理论对他同时代的人产生了很大的影响，如明星派田山花袋和谷崎润一郎。

观念小说③（日语也称"深刻小说"）也展现出浪漫主义的倾向。中日甲午战争后，随着资本主义制度开始形成，社会矛盾和思想界的变化由于

---

① 坪内逍遥将"没理想"解释为描写真实不需要加进作家的主观意见，由读者自行理解即可。森鸥外认为这种解释过于绝对，他批评坪内逍遥的造化无理性及纪实主义，主张基于有理性、有理想的必要性。

② 日莲宗，日本佛教主要宗派之一，日莲在镰仓时代中期（约13世纪）创立。也称法华宗。

③ 观念小说是观念先行的小说。作者写作时先将观念提出，让人感受到人物的特征。但是这种人物特征是虚虚实实、似真似幻的。

三国干涉①等因素而变得更加明显。此外，随着日本人自我意识的增强，小说中出现了一种浪漫主义的倾向，这一点在砚友社的新锐作家中可以看到。师从尾崎红叶的日本小说家泉镜花在他的小说《夜行巡查》《外科室》中探讨了社会矛盾和爱情问题，在观念小说领域一举成名。随后他受森鸥外译作《即兴诗人》的启发，创作了《照叶狂言》《高野圣》《妇系图》《歌灯行》，都是具有浪漫主义倾向的作品。他在小说中建立了自己神秘而浪漫的世界。在现实主义倾向加深的时代，他捕捉到了迷惑人心的女性美和纯洁爱情的至高无上，并以其独特的写作风格，在作品中营造了一个梦幻般的奇异世界，为他的小说创造了独特的土壤，成为当时小说界的领军人物。

在这一时期，文学界对"自然"的兴趣日益浓厚。近代的自然描写谱系以二叶亭四迷的翻译小说为开端，发源于民友社②的德富芦花创作的《自然与人生》和国木田独步的《武藏野》，这两部作品都是以散文诗的方式写成的。德富芦花在作品《不如归》中描写了被封建家庭制度所破坏的爱情悲剧，成为家庭小说的经典，引起了很大反响。《不如归》和《金色夜叉》是明治文学中最畅销的小说。此后不久，他又写了《自然与生活》，以清新浪漫的眼光描写自然，以及社会主义小说《黑潮》，描述了上层阶级的颓废和藩阀政治的腐败。

帮助德富芦花打开自然之眼的正是国木田独步。1897年国木田独步创作了《源叔父》，这时他还是一位浪漫主义作家，而随后他致力于观照和写实，晚年被认为是自然主义作家。受华兹华斯、屠格涅夫等人的影

① 三国干涉还辽，日本称三国干涉（さんこくかんしょう），是1895年4月23日沙俄联合法、德干涉日本割占中国辽东半岛，以争夺侵华权益的事件。
② 1887年（明治二十年）德富苏峰创办民友社。出版杂志《国民之友》，反对国粹主义、欧化主义，主张平民主义。《国民之友》刊载当时进步思想家的论述，介绍欧美社会问题和社会主义。

响，国木田独步也被誉为日本第一位近代短篇小说作家。《武藏野》以清新的风格表达了作者浪漫的诗人情怀，是一部捕捉大自然宁静之美的杰作。此外，他还创作了《不能忘记的人》《牛肉和马铃薯》和《空知川的岸边》等作品，主要根据自己对自然的感知和态度，以对孤独之自我的认识为主题，与现实社会相对化。

四、"世纪末"文学

自然主义源于英文naturalism，发源于19世纪，是对浪漫主义的反叛，在写实主义、自然科学和实证主义影响下深化为一种文学潮流。19世纪中期以法国作家巴尔扎克和福楼拜为代表的写实主义，经历了龚古尔兄弟的印象主义，然后由左拉尝试了新的发展。这是一场主要起源于法国的文学运动，并最终传播到全世界，其代表作家为莫泊桑、豪普特曼、易卜生等人，对日本自然主义作家产生了巨大影响。在日本，社会矛盾在明治30年代最为显著，尤其是日俄战争之后，出现了直面现实的倾向。此外，随着对近代外国文学的认识加深，人们看待社会的目光变得更加敏锐，自然主义文学流派应运而生。

中江兆民在《维氏美学》中首次介绍左拉，后来森鸥外、小杉天外、长谷川天溪等人将其作品和思想引入并移植。在寻求真理的过程中寻求文学，势必引起自然科学对自我意识的压制，但日本自然主义文学运动试图客观地描绘事实的真实情况。日本的自然主义有时被认为是纯粹而彻底的写实主义，有时也被认为是浪漫主义自我扩张的延续。换句话说，它具有日本人的特点，即寻求进一步确立浪漫主义运动无法实现的"自我"，所以它注重自我和周围环境，而不是对抗社会，并最终走向坦白怀疑和绝望的告白小说，以及记录身边琐事的私小说，标志着一个新的时代。日本的自然主义以其独特的形式，标志着近代文学的确立。

日俄战争使损失惨重的日本国民开始觉醒，更加仔细地观察现实。以《文学界》和《明星》为中心的浪漫主义运动软弱无力，未能确立自我。随后现实主义的倾向加深了，贯彻写实主义的自然主义运动进一步深入追求自我。与西方自然主义不同的是，自然主义是对浪漫主义的反叛，这场运动以"揭露现实""破理显实"为口号，其特点是作为浪漫主义的延伸出现。岛崎藤村的《破戒》和田山花袋的《蒲团》标志着日本自然主义时代的到来。

岛崎藤村最初是作为浪漫主义诗人出道的，以《若菜集》《一叶舟》《夏草》《落梅集》四部诗集巩固了他作为抒情诗人的地位。后来，他转向散文，在《旧主人》等作品中描绘了人性的黑暗面。1906年，他以长篇小说《破戒》打响自然主义文学的第一枪，这部作品成为日本文学史上第一部近代小说。

《破戒》讲述了一位来自受歧视地区的年轻教师濑川丑松，得知他敬重的学者猪子莲太郎向同事和学生大方坦白自己出身以对抗歧视。丑松在父亲的告诫与坦白之间摇摆不定，最终选择向同事和学生袒露出身的故事。作品以清新的风格描绘了主人公的心路历程。其中对地方乡土色彩的自然描写，也充分显示了日本近代小说的潜力。此后，他不再像以前那样深入追求作品的社会性，而是转向自传的创作，出版了《春》、《家》和《新生》等作品。

在莫泊桑和福楼拜等西方自然主义作家的影响下，田山花袋具备了抒情诗人多愁善感的特质。他在1907年发表短篇小说《蒲团》，与岛崎藤村并称自然主义的先驱者。《蒲团》描写了一位中年作家对他美丽的女徒弟的秘密爱情和痛苦，采用露骨的描写，揭露了人的内心世界。作品对现实的深刻揭露，使其与《破戒》并称为日本自然主义文学的两大支柱。当时的读者认为这是田山花袋的自我"忏悔"，引起了巨大的轰动。随后，田山花袋创作了《生》和《妻》。在这两部作品中，他客观地描绘了他的母亲和妻子，加上随后创作的《绿》，合称为三部曲。他以一位当地教师的日记为原本创作了《乡村教师》，以其客观描写[①]的手法大受好评。

日本诗人石川啄木曾说："自然主义的思想是日本人在明治时代的第一个萌芽，也是他们最热衷于坚持的哲学。"[②]这表明，自然主义反映了日本文学的总体心理，日本文学传统上缺乏西方文学中常见的强烈反叛性和积极性。西方文学有倡导个性自由的强烈倾向，这是其社会条件的特征，而日本文学更倾向于表达家庭和周围群体的感受，这决定了其主题的狭隘性。经过明治初期的混乱，从明治中期开始，日本人深刻反思，希望创造一种新型的文学，其条件是排除盲目崇拜欧美的倾向，同时仍积极采纳西方文学的优秀元素，将自己的文学建立在日本民族意识的基础上，由于传统意识的强烈影响，日本作家大力推行自然主义文学。田山花袋曾感慨地说："值得一看的东西是日本是怎样把自然主义变成了日本主义的自然主义。"[③]

除岛崎藤村和田山花袋以外，主要的自然主义作家还有德田秋声、正宗白鸟和岩野泡鸣。这些作家创作了许多日本自然主义文学作品。

德田秋声退出砚友社转投尾崎红叶门下，被认为是红叶门下的四大天王之一，他在《新世带》中以直白的方式描绘了普通人对新婚生活的幻

---

① 客观描写，即不深入人物内部，而是置身事外描写事物。
② 吉田精一：《现代日本文学史》，筑摩书房 1965 年版，第 83 页。
③ 吉田精一：《现代日本文学史》，筑摩书房 1965 年版，第 115 页。

灭，展现出自然主义风格，广受好评。后来，在被誉为"客观的艺术"的
《足迹》中，他以自己和妻子为原型，描绘了日常生活中胸无理想、碌碌
无为的困境，被誉为"天生的自然主义者"。

正宗白鸟与德田秋声一样，作为自然主义作家出道，摒弃了年轻时
信奉的基督教，受到欧洲"世纪末"①思想的影响。他的小说特点是虚无主
义和悲观主义色彩，笔触冷峻。在《何去何从》中，他描写了当时的知识
青年，对世界没有任何激情，不知道自己要去哪里的时代困境。后来正宗
白鸟又创作了《徒劳》《微光》。在《泥娃娃》中，他冷静客观地描述了自
己的婚姻，体现了他对人类心理无情犀利的洞察。正宗白鸟创作了大量杰
出的作品，也是活跃的文学论评家，对文学有着独特的把握和敏锐的批判
精神，他的论评作品有广受好评的《文坛人物评论》等。

岩野泡鸣是一位浪漫主义诗人，但在1909年，作品《耽溺》使他成
为一位自然主义作家。他是一位独特的作家，具有强烈的主观意识，他不
认可田山花袋的表面描写，主张一元描写②。除《耽溺》外，《放浪》《发
展》《服毒的女人》《断桥》等都是岩野泡鸣基于自身经历创作的杰作。

日本的自然主义，在一段时间内蓬勃发展，由文艺评论家的评论活
动发展出自然主义文学理论。长谷川天溪和岛崎藤村是两位最著名的评论
家，分别活跃在综合杂志《太阳》和《早稻田文学》。

长谷川天溪从左拉主义出发，在《幻灭时代的艺术》中解释了自然
主义的意义和特点，并为自然主义文学辩护，主张"无理想、无解决"的
文学。在文章《无解与解决》中，他表达了自己的理解："自然主义就是

---

① "世纪末"的潮流真正涌入日本文学界，是在明治40年代。这个事实与当事者们的认识有别，
从今天的角度看，西方的"世纪末"与日本的"世纪末"之间存在某种"错位"，此乃极自
然的现象。这是因为明治时代的日本在接受西方近代文明的过程中难免产生时间方面的落差。
② 一元描写以作品中主人公的视角描写事物。

在现实的浪潮中随波逐流，不去刻意判断与改变。"①

岛村抱月活跃于《早稻田文学》，用自己的美学知识将自然主义组织化、体系化，积极推行自然主义，主张无条件的、本真的自然主义。他写道："自然主义作为一种文学艺术，在内容上完全是无条件的，顺其自然的。它是一种无解决方案、无理想主义，正如现实世界是无头、无尾、没有任何明确的结论一样。"他的文学理论著作《被囚禁的艺术》推动了自然主义文学运动的发展。他的理论在确立自然主义的日本特色方面发挥了重要作用，因为他在"观照"中找到了艺术的根本所在。还有一些其他自然主义评论家，如活跃于杂志《文章世界》的田山花袋，岛村抱月门下的相马御风、片上天弦等。

从1910年（明治四十三年）前后开始，日本的自然主义开始迅速衰退。不过，自然主义引发了文学更写实的描绘，对人类自我的追寻，以及文学向西方风格的近代化发展。自然主义依然是日本文学的重要组成部分，可以说是日本近代文学之母。

从明治末年到大正中期，在"打破传统""破坏风俗"的口号下，原本揭露真实状态的自然主义文学，逐渐变得急于揭露身边的现实和黑暗丑陋的人情世故，通过强调事实，使其作品的世界变得更加狭窄，最终倾向于狭隘的私小说。这时，夏目漱石和森鸥外对此持不同立场，两人从一开始就以轻松的态度看待生活，超脱于现实。在他们的影响下，白桦派、耽美派和新思潮派等大正文学新流派得以出现，一个多元化的文学时代就此到来。

夏目漱石和森鸥外是余裕派的代表。在与自然主义保持明确距离的同时，他们以广阔的文明批评视野和横贯东西的渊博知识，创作出许多高

---

① 长谷川天溪：《自然主义》，博文馆1908年版，第168页。

质量作品。两人有一个共同点，即都敏锐地意识到日本近代化的仓促与扭曲，为此感到担忧。他们的文学以对人类道德和新价值的探索为主题，对后来的文学作品产生了深远的影响。

夏目漱石向好友正冈子规和高滨虚子学习俳句和写生文的创作。从英国留学归来后，他发表了《我是猫》，该小说风格新颖，手法清奇，以尖锐的讽刺和幽默批判人与社会。同时，他还发表了一些早期的浪漫主义作品，文笔优雅，如《伦敦塔》。与《我是猫》一脉相承的作品还有《哥儿》和《野分》。这些作品基于夏目漱石深厚的人文素养，以对人性的透彻观察和对文明的透彻理解，具有余裕派的脱俗品质，超越了一味揭露现实黑暗、手法刻板的自然主义。后来他曾作为朝日新闻社作者，刊载了《虞美人草》，随后是早期的三部曲《三四郎》《从那以后》《门》，他在其中描绘了青年的疑惑、生活的焦虑、自我的疑问、人类的爱和对明治文明的批评。之后他继续写了后期三部曲，《春分之后》《行人》《心》，在这些作品中，他强调个人主义和生命的孤独，并基于完全不同于自然主义的新观点，深入挖掘了近代人内心的黑暗。在1915年，他发表了一篇自传体小说《道草》，在这部作品中，他对自己进行了严格的审视。此外，他对以已婚夫妇为代表的人际关系中的"我执"的丑陋进行了追问。随后他在《明暗》中又提出"则天去私"的思想，但作品尚未完成就逝世了。

值得着重介绍的是夏目漱石的小说《草枕》。《草枕》于1906年9月在《新小说》上发表，1908年1月被收录在顺义堂出版的小说集《鹑笼》中，是夏目漱石的第三部作品，被称为以美为生命的小说。其中大量使用难懂中文词汇的部分为汉文训读体，以戏剧的方式使用日常语言的是会话体。还有众评论家指出的小品文、俳句和美文等元素，还插入了中国诗歌、英国诗歌、俳句等的创作，并对诗歌、小说、评论进行段落引用，各种语言体系融合在了这部作品中。它们根据画工（主人公）的意识，将视觉所捕捉到的东西罗列在一起，有时也会脱离话题和图像展开场面的描写。因此，每个场景的相对独立性很高，可以称为一部多焦点的小说。这种相对的独立性也使得每个场景成为一幅独立的画作。

小说的主旨是浪漫主义。开篇主人公便为绘画下了定义，并对艺术之士进行了高度肯定："从难居的人世剔除难居的烦恼，将可爱的大千世界如实抒写下来，就是诗，就是画，或者是音乐，是雕刻。""一切艺术之士之所以尊贵，正因为他们能使人世变得娴静，能使人心变得丰富。"①而与这些艺术之士相对立的便是世俗："只是由于一翳在眼，空花乱坠，由于世俗的缧绁牢不可破，由于受到荣辱得失的逼迫而念念不忘，以至于造成了这样的结果：透纳画火车时，不解火车之美；应举绘幽灵时，不知幽灵之美。"②也就是说，如果人被世俗所支配，那么会错过现实存在的美，不解风情地度过一生。这段话将艺术之士置于高位，将世俗置于低位。正是抱有这样的思想，画工肯定自己作为艺术之士的身份，试图开启一段"非人情"的旅程。

画工来到那古井的初衷是进行一场"非人情"之旅，因此他将所见之景当作山水画的背景，所遇之人当作画中点景。初闻那美姑娘轶事时，她也只是作为"马背上的新娘"这一意象。然而，随着画工与那美接触逐渐加深，那美的形象在他心中不断发生变化，他也越发发现自己无法完全去除人情，从而逐渐偏离自己的初衷，画工所描绘的画面也逐渐从山水画转向写实主义的西洋画。

---

① 夏目漱石：《草枕》，海峡文艺出版社 1986 年版，第 7 页。
② 夏目漱石：《草枕》，海峡文艺出版社 1986 年版，第 43 页。

　　夏目漱石在《文学论》第三编中曾分析英国女作家乔治·艾略特的女性描写：

　　　　特别是例如描写妇人的容貌时，叙述得越长，也就越不完整。若求强行完整化，则难以产生理想的印象。以故，诗人阐释美人时，活用恰如其分的感觉材料，或以鲜花，或以明月，或以美丽的外物来比喻美人，此谓心理学上的"投入法"。[①]

　　可见，夏目漱石并不喜好写实性描写，但整体来看，《草枕》的主旨前后不统一，画工的目标从一开始的山水画逐渐演变为写实主义肖像画。

　　其实，夏目漱石是有意制造出前后两主旨的不统一。夏目漱石在《文学论》中系统地阐述了自己的文学观。他认为诗语（汉诗、山水画的语言）是经过一定的思索劳力之后编成的，是不自然的。这种表现方式用得越多，离现实世界也就越远。因此，"如果有人，想使现实世界的表现活动于眼前、自然不得不把得自这种语法的方便牺牲，而使用易入吾人之耳的表现法（虽然是平凡的），这就叫做写实法"[②]。至于文学为什么不能完全脱离现实，他是这样认为的：

　　　　例如描写美人。前段所说诸法的目的，是在研究怎样地安排这个美人的服饰，怎样地安排这个美人的头囊，怎样地安排这个美人的背景，或使其站在怎样丑的女人的旁边，缘会愈发发挥其天生丽质。这样地加过人工然后出现的美人，于婵妍之态，也许有远超乎

---

① 夏目漱石：《文学论》，知识产权出版社 2012 年版，第 272 页。
② 夏目漱石：《文学论》，知识产权出版社 2012 年版，第 272 页。

途上的美人的地方吧；但是愈超之即愈异乎我们常人，故自一方面说，却要失掉我们的同情。因马途上的美人，未必带着诗人所考案的服饰，云号，背景和配合走在途上呵。我们虽不是不喜欢具备此等条件的诗国美人和画裹的美人，但因为相逢而不能切实觉得她是我同胞，所以希望遭遇以吾人之血、之肉造成的美人。天外异方的佳人而又是碧眼金毛；她和寄居于自己的亲戚家的一姑娘比较起来，窈窕之度，后者虽大不如前者，但是自己的同情，却始终是落到后者身上。因属后者，自人类言与我亲，故自人类（置美丑于不论）受其利害之心切故也。以此一例，足窥全豹。于是我们明白，我们既不辞游于诗人所建造的蓬莱，画家所创造的桃源，受那陶然的幻惑，却又乐得看见我们亲闻亲见的日常生活的一部分，照原形摇曳于眼前，把我们搬入写实的幻惑之中。[①]

由此可见，在夏目漱石看来，"陶然的幻感"就如金发碧眼的西方美人，而"写实的幻感"就像我们常见的东方美人。金发碧眼固然独特、美丽，但相比之下，与我们生活更为贴近的东方美人更能引起东方读者的"同情"。也就是说，完全脱离人情的理想化描写虽然是美的，但却是空中楼阁、是空洞的，而写实主义的描写虽然没有那么美，但更能引起人们内心深处的共鸣。

《草枕》体现的正是上述的文艺观。对于夏目漱石而言，山水画的表现手法和写实主义手法并不是对立的，非此即彼的，而是可以浑融的。他正是想借这两种手法，创作出既满足读者对"美"的追求，同时将"真"情实感传达给读者的作品。

---

① 夏目漱石：《文学论》，上海译文出版社 2016 年版，第 273 页。

在《草枕》的叙述中，画工眼中那美的形象一开始像纯洁无垢的仙人，这表现了拉斐尔前派的唯美主义，并且有意将那美的身世与《奥菲利亚》重叠，也体现出拉斐尔前派的文学性绘画特征。同时，画工的目光从神性的那美转向神性与魔性并存的那美，认为她可以入画的时候，也体现了文艺复兴绘画的现实性、人文性。夏目漱石有意运用意象配置的方式——他最初的文艺观，淡化情节，灵活运用汉字汉诗，将《草枕》营造成一个唯美的世界，但与此同时，他也借从西方引进的写实主义手法，展现出那美现实的一面，让《草枕》的世界不再是"陶然的幻感"。这一方式在世纪末小说样式的论争中无疑是一股清流，是挑战突破明治小说样式的实验性作品。

除了小说之外，夏目漱石还写了许多优秀的文章和随笔。《文学论》《近代文化的开花》《我的个人主义》展现了明治时代的思想最高峰，指出了夏目漱石文学的方向。他还指导了许多学生，包括森田草平、铃木三重吉、阿部次郎、安部能成等，培养了一批活跃于大正时期的学者和作家。

总而言之，岛崎藤村和田山花袋为日俄战争后的文学打开了大门。"自然主义"这一新流派排除"砚友社式"技巧，提倡揭露现实、打破传习，得到了德田秋声、正宗白鸟等优秀作家，以及岛村抱月等有力批评家的参与，转眼间成为文坛最大流派的势力。在文体表现上，自然主义使小说摆脱了书面文体的束缚，将二叶亭四迷等人的言文一致运动以来的口语文体确立为近代小说唯一的文体，这是自然主义的功绩之一，其影响也涉及诗坛，口语自由诗应运而生。不过，日本的自然主义虽然着眼于现实，但并没有追溯现实中各种矛盾的社会根源并与之斗争，仅仅将主题限定在作家身边的事实上，以关照的视角记述，形成了私小说这一独特的小说形式，随后走向衰落。同一时期，夏目漱石和森鸥外对自然主义文学表现出超然的态度，坚守着自己独特的作家境界。两人都以辩证的态度对待国家和官僚，以文明批评的视野和丰富的修养为基础，陆续发表了高质量的作品。此后不久，明显表现出反自然主义意志的耽美派和白桦派文学也开始兴起。耽美派以森鸥外为先锋，涌现出永井荷风、谷崎润一郎等优秀作家，不同于自然主义文艺理念中的"真"，他们的创作侧重于追求"美"。白桦派的武者小路实笃、志贺直哉、有岛武郎等人，在夏目漱石的影响下创作了人道主义、理想主义的小说和戏剧。这两个流派的动向，为大逆事件以后趋于黑暗的日本文坛带来了光明。

第六章
明治维新的财阀巨头

一、财阀与政商

　　说起日本的财阀，像三井、三菱、住友……想必不少朋友都能说出这几个耳熟能详的名字。那么这些财阀是如何形成的？又是如何发展到今天，逐步成为日本资本主义的经济支配者的？这还得从明治时期说起。

　　1853年7月，四艘黑色近代铁甲军舰在美国东印度舰队司令马休·佩里的指挥下，驶入江户湾，向幕府及日本民众展示了工业文明。1854年2月，马休·佩里再次率领7艘军舰到达横滨附近，3月，和幕府签订了日本与西方列强的第一个不平等条约——《日美和亲条约》。其他西方列强纷纷效仿，也接连向日本提出通商要求，英国、俄国、荷兰等国家都与日本签订了亲善条约（自由贸易条约）。自此，被德川幕府统治了200余年的日本迎来了锁国时代的终结。日本社会动荡不安，

幕藩体制也随之瓦解。

日本资本主义就在这个时期登上了历史舞台。

相较于西方国家，日本的资本主义化进程晚了一步。明治维新前，由于德川幕府的锁国政策，日本的对外贸易非常有限。政府资金也主要靠从农民那里收取年贡和地租。日本的社会经济落后，工业也远不及西方资本主义国家。当时占主导地位的是资本主义家庭劳动，基本没有重工业。可以说，日本还没有做好发展资本主义的准备。

然而随着"黑船"的到来、一个个亲善条约的签订，西方列强让日本人感受到了殖民地化的危机。封建社会走向崩溃，新上台的明治政府为了维持国家独立，不得不在加强军事力量的同时大力发展资本主义，这也注定了明治政府是这场运动的主导。

明治维新后，新政府提出了"殖产兴业""文明开化""富国强兵"三大国策。不仅要发行纸币、建立金融机构，还要兴办国营企业、引进先进技术和设备……但哪项工作不需要资金？当时的政府财政基础薄弱、资金紧张，为了筹钱，便将目光投向了江户时代的老牌富豪们。

这些富豪过去多为幕府或者大名效力，是他们曾经的御用商人。可随着幕藩体制瓦解，商人们不得不重新寻找新的靠山。这就与新政府的想法不谋而合。明治初期，日本的银行体系并不完善，资本市场也不发达。商人只要能抓住政府周边的机会，就有可能获得成功。也有外国资本虎视眈眈，一些头脑精明、经验丰富的资本家甚至来到横滨和神户。但日本政府并不愿意将机会留给外国人，他们出台政策，从根本上限制了外国人的投资。

如此一来，政府需要依赖商人积累的资本作为财政支柱，振兴实业。在这一过程中，大量的物品和资金在政府附近流动，让本国商人们嗅到了商机。他们纷纷积极投靠政府，试图通过内部关系获得信息、承包政府项目……

就这样，一种商人资本在这个时代应运而生——"政商"。

"政商"一词最早出现于明治时期。日本历史学家、评论家山路爱山曾在《现代金权史》[1]中写道："政商这个词，中国字典中是没有的，日本的《节用集》[2]中也没有出现过。没有这个词是理所当然的。因为这个特殊阶层是在明治初期那个时代所形成的特殊社会情况下产生的。"[3]日本经济学家柴垣和夫在《三井·三菱的百年——日本资本主义与财阀》中，将"政商"定义为：明治前期，一种遵循着政府的振兴实业政策，或者利用政府给予的特权，或者承办政府的任务而形成了巨大资本积累的商人资本。[4]山路爱山也曾解释说："在人民尚未行动之前，要国家先走一步，用照顾和鞭策、奖励和保护等办法，尽快地使日本这个国家变成西洋式的国家。"[5]

当时的政商大体可以分为三大类：第一类是在江户时期就已经积累了一定财富的特权商人，比如三井、住友、鸿池，他们与政府的关系最为密切；第二类是在明治动乱期发迹的商人资本，如岩崎、安田、浅野、大仓、古河等新兴商人势力；第三类则是从明治政府官僚转型，如后来才扮

---

① 山路爱山所著《现代金权史》，论述了日本财阀的起源等内容，由服部书店于 1908 年（明治四十一年）出版。

② 《日本古代汉字辞典》，约成书于 15 世纪中期，收录了大量汉字熟语。该书将日常生活用语按"伊吕波歌"的顺序、又将各音分门别类编写。

③ 山路爱山：《现代金权史》，雄松堂书店 1978 年版，第 34 页。

④ 柴垣和夫：《三井和三菱——日本资本主义与财阀》，上海译文出版社 1978 年版，第 11 页。

⑤ 山路爱山：《现代金权史》，雄松堂书店 1978 年版，第 34 页。

演其政商角色的涩泽、五代等。这些政商中有的没能顺应时代发展，后来逐渐走向没落；有的不断调整经营策略，同日本资本主义的发展一起，逐步成长为日后人们耳熟能详的财阀。

那么"财阀"又是什么呢？

日本经济学家宫本又郎等所著《日本经营史——日本型企业经营的发展·从江户到平成》[1]一书中指出："财阀"一词在1900年前后开始使用，最早指的是同一地区的富豪，到了明治末期，已经不再局限于同一地区，而是指一般意义上的富豪家族。日本经营史学家森川英正将"财阀"定义为：在富豪的家族或同族的排他性支配下成立的多元事业经营体。[2]特意强调了"排他性支配"和"多元事业经营体"。日本经济学家安冈重明认为：财阀是以家族或同族出资的母公司（控股公司）为核心，且母公司下属的子公司涉及多领域经营的企业集团，同时这些子公司在各自所属的产业部门中居于寡占地位。[3]这与森川英正的定义略有不同，但与日本经济学家石井宽治的观点相似：在同族控制下且居于独占地位的多元事业经营。[4]

虽然定义"财阀"时不同学者有不同的侧重，但每当提到财阀，人们脑海中浮现出的名字一直是那些。[5]

那么这些商业巨头在明治时期有着怎样的表现？他们又是如何一步一步扩大经营，逐渐支配日本资本主义的？我们不妨一起来看一看。

---

① 宫本又郎等：《日本经营史——日本型企业经营的发展·从江户到平成》，有斐阁1995年版，第97页。
② 武田晴人：《财阀的时代》，社会科学文献出版社2021年版，第6页。
③ 武田晴人：《财阀的时代》，社会科学文献出版社2021年版，第7页。
④ 武田晴人：《财阀的时代》，社会科学文献出版社2021年版，第7页。
⑤ 通常来说，日本三大财阀指的是三井财阀、三菱财阀、住友财阀。四大财阀则是三井财阀、三菱财阀、住友财阀、安田财阀。

二、明治政府与政商

如果将日本资本主义划分为几个阶段，那么从明治初期到明治20年代可谓日本资本主义的形成期。那时，日本刚结束了德川幕府200余年的统治，废除了各种封建限制。明治政府随后提出三大国策，实行官办产业制度，不断引入新式工业技术，建立银行。在这一时期，一些政商配合政府振兴实业的政策，承购了政府出售的官办产业，确立了各自的产业基础。

（一）老牌特权商人

正如前文所述，一些富豪在江户时期就积累了巨额财富，比如三井、住友和鸿池。三井和住友大家可能更为熟悉，但论实力，大阪的鸿池才是日本江户时期最大的富豪，甚至一直到明治末期，都保持着财富上的优势。

1.鸿池

16世纪末，鸿池家在摄津国川边郡鸿池村（现兵库县伊丹市鸿池）开始经营清酒酿造业，之后来到大阪，成为当地的一名两替商（主要处理钱币兑换、借贷等业务）。江户时期，由于交通不便，幕府从农民那里收取的年贡、地租很难以金银的形式运到江户。所以当时的掌权者会指定一些民间商人，先让这些商人收取某地的年贡、地租，然后换成汇票，再将汇票运到江户。这些商人大多在江户有自己的钱庄，运到江户的汇票会先在这些钱庄兑换成金银，再交给幕府。这就解决了一个大麻烦。然而由于当时条件有限，即便汇票运起来不像金银那么劳神费力，也依然需要花费相当长的时间。所以幕府便将收到的年贡、地租暂时交由这些商人保管，允许他们在一定时间内（三至五个月不等）使用这笔钱——只要按照规

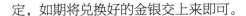

定，如期将兑换好的金银交上来即可。

也就是说，商人手里攥了一笔无利息、无担保的公款，可谓绝好的商机。鸿池家就将这笔钱用于牟利，发了大财，以鸿池善右卫门家为中心的同族集团后来成了江户时期最大的富豪。据说幕府末期，鸿池家家财万贯，甚至有"鸿善（鸿池善右卫门）一怒，天下诸侯皆失色"的说法。

不过这种稳赚不赔的买卖并没有一直持续下去。到了江户后期，各藩财政吃紧，大名们自然盯上了有钱的商人。有些财政困乏的大名、藩主会向大阪、京都、江户等地的商人贷款。这种贷款如今看来属于"高风险高收益"的金融投资，对于商人来说，如果能如期收回，自然有不菲的收入，但倘若权贵们赖账不还，就要赔了夫人又折兵，甚至面临经营危机。

鸿池家第十代家主鸿池幸富就一度遭受巨大打击——借出去的钱越来越多，到了规定时间对方却找来种种借口不还。不过正如前文所说，一直到明治末期，鸿池家都保持着财富上的优势。1877年（明治十年），鸿池幸富成立了第十三国立银行，他始终坚持"坚实"这一经营方针，后来也一直致力于发展日本金融和贸易。第十三银行之后和其他各银行合并，改称三和银行，三和银行则是现在东京三菱UFJ银行[①]的前身。

2.住友

即便放眼全世界，住友也是一个历史悠久的财阀。

据说住友家的祖先被称为平家一门，在桓武天皇的曾孙·高望王传到第二十二代时，平家末裔忠重侍奉室町将军，被称作住友家的始祖。到了江户时代，从忠重开始算的第八代住友政友本是武士出身，后来成了

---

① 东京三菱UFJ银行，是如今日本最大的商业银行之一。

一名僧侣。他在京都开了一家售卖书籍、药品的杂货商店——"富士屋"。住友家的传奇就是从这间小小的杂货店开始书写的。

由于经营有方，攒了一些钱的住友将目光投向大阪，开始精炼、经营铜器，之后又进军砂糖、药品、金融等行业。在这一过程中，住友不断积累财富，和鸿池家一样，也成了一名两替商。值得一提的是，住友家从1691年（元禄四年）起，就一直经营位于爱媛县新居滨市①的别子铜矿，一直到1973年（昭和四十八年），别子铜矿始终置于住友的掌控下，可以说，它是让住友能够成为日本三大财阀之一的基石。

百余年来，并非没有外人觊觎这座铜矿，甚至住友家也一度想把它卖出去，但最终还是保下了。这又是怎么一回事呢？对此我们就不得不提到一个外姓人，一个对住友来说极其重要的外姓人——广濑宰平。

广濑宰平出生于近江国野洲郡，幼名驹之助，9岁时同叔父一同前往新居滨，11岁时便开始在别子铜山做工。广濑宰平喜欢读书，工作能力强。28岁时，他受住友第十代家主住友友视的推举，担任设在浅草的商店负责人，同年，成为广濑义右卫门的养子。1865年（庆应元年），广濑宰平被破格提拔为别子铜山的总负责人。

江户末期，老牌富豪们纷纷陷入贷款危机，由于当时铜矿是重要的战略资源，1868年（明治元年），萨摩藩查抄了住友在大阪的炼铜所，紧接着土佐藩又查抄了新居滨的别子铜矿。

对于住友来说，这无疑是晴天霹雳。那时，得知消息的广濑宰平立刻前往土佐藩设在川之江的军营，向土佐藩藩士川田元右卫门（即后来担任日本银行总裁的川田小一郎）据理力争，认为扣押别子铜矿不符

① 新居滨市位于日本四国岛中北部，是濑户内地区重要的工业城市。

合国家利益，希望得到对方理解。但由于查抄别子铜矿是明治政府的命令，土佐藩无权擅自解除扣押。于是广濑宰平又赶往大阪、京都进行游说，他向维新派核心人物岩仓具视提出请求，不过事情也未能如其所愿。与此同时，大阪市内并不太平。广濑宰平即刻折回大阪，经过几番苦苦游说，终于获得萨摩藩的同意，解除了扣押。至此，事情有了阶段性进展。

不过广濑宰平未作休息，连忙赶去京都，在岩仓具视的帮助下，终于获得明治新政府的认可，允许住友继续经营别子铜矿。铜矿好在是保住了，但由于经营不善，住友家此时的资金有限，前幕府官员小山雄右卫门问住友是否愿意以10万日元转让别子铜矿。当时住友家的管理层不少人同意转让以渡过眼前的危机。得知此事的广濑宰平又立刻赶到大阪，声泪俱下地表示绝不可转让。如今看来，倘若没有广濑宰平的坚持，别子铜矿转于他人，也就不可能有日后声名远扬的住友财阀了。

别子铜矿是住友的命脉，但除了铜矿，住友在明治初期也致力于发展其他行业。比如1871年（明治四年），住友在神户开设商店，售卖铜、樟脑、茶叶、生丝等产品（翌年获得政府批准，可以将铜出口至朝鲜）。为了运输物资，后来又购入"白水丸"等船只，利用这些船发展对朝鲜的贸易活动。这一时期，住友还在大阪开展并购（兼顾仓库业和金融业）业务。1875年（明治八年），住友家的事务所从大阪搬至富岛，改称住友本店。两年后，广濑宰平成为住友家的第1任总理事（当时被称作"总理代人"，后改称"总理人"）。此外，1880年（明治十三年），住友在京都收购制丝厂，但因为规模小，缺乏发展前景就卖掉了。1887年（明治二十年），住友在滋贺县新建配备了法国先进制丝机器的工厂，不过由于员工不习惯新型机器，效益并不好。

3.三井

三井家始于德川幕府初期，据说元和年间（1615—1623年），越后的地方官三井高安的儿子高俊在伊势的松坂地区开了一间当铺兼营酒坊，三井就这样起家了。高俊的四子高利于1673年（延宝元年）开了一家越后屋绸缎店(即现在三越百货公司的前身)，后来又在江户的骏河町开设钱庄，接着在京都、大阪也分别开设了钱庄。传统的绸缎店通常是上门订货，先交货后付款。三井家的越后屋则不同，不仅将批发与零售相结合，还要求顾客付现金。除了可以加速资金回流，还因为有价格优势，提高了交易量。就这样，三井家的绸缎卖出了名堂。

1691年（元禄四年），三井家得到幕府认可，从事起金银汇兑业务。也正是因为承办了幕府和各藩的事务，三井才一跃发展起来。据说到1842年(天保十三年)，已经积累了78万余两的总资产。这样的好日子持续了百余年，一直到幕府末期，和前述鸿池、住友类似，三井家的财产也被盯上了。面对德川幕府接连不断的勒索，三井家也找了个外姓人帮忙。这个人可以被称为三井的中兴之祖，名叫三野村利左卫门。

三野村利左卫门并非此人的本名，而是他进入三井家时改的名字。这个人出生在1821年（文政四年），小时候父亲就成了浪人[1]，所以童年过得并不幸福。1827年（文政十年），他来到江户，被幕府旗本[2]小栗家雇为仆役长，继而和当时年仅十多岁的小栗忠顺（即后来的小栗上野介[3]）成为关系要好的主仆。1845年（弘化二年），三野村利左卫门入赘经营菜籽

---

[1] 浪人起源于镰仓幕府时代，指那些失去封禄，离开主人家到处流浪的落魄武士。幕藩体制瓦解后，浪人数量激增，多达10万余人。

[2] 江户时期，将军直属武士中领地不满一万石，但有面见将军资格者。

[3] 幕府末期曾任勘定奉行（与寺社奉行、町奉行同为三奉行，是江户幕府的要职，主管财务、监督地方官员、执掌幕府直辖领地内诉讼的高官）等要职，作为遣美使节团绕世界一周，倾力建设横须贺造船所。明治维新后引退，被新政府逮捕后斩首。

油、糖生意的美野川利八家，随后继承了利八这个名字。之后他通过售卖妻子制作的金平糖，攒了些小钱，成了一名兩替商。

幕府末期，三井家遭遇了危机。1864年（元治元年），幕府要求三井提供100万两的御用金[①]，1865年（庆应元年）5月追加1万两，翌年2月追加150万两，4月又追加3万两。[②] 当时三井大元方[③]的总资产不足100万两，这一要求无疑让三井十分被动。就在这个时候，三野村利左卫门出现了。

由于当时的小栗上野介已是幕府的勘定奉行，三井就希望三野村利左卫门能向幕府求情，减免一些御用金。三野村利左卫门这时只是一名小小的商人，自然愿意借此机会为三井家效力，他立刻找到昔日的好友说明来意。不过小栗上野介本人耿直强硬，在好友的再三游说下，他考虑到三井家确实多年为幕府效力，如果此时真破产了，面对来势汹汹的西方列强，幕府的局面也会越发不利，才最终同意免除三井家的大多数御用金。

三野村利左卫门对三井家的帮助还不止这一次。

明治新政府成立后，资金吃紧，为了解决财政问题，当即设立大藏省的前身——金谷出纳所[④]，并将国库资金的出纳等业务委托给三井、小野、岛田三家。三野村利左卫门协助三井家向新政府提供资金用于军事援助，后来又与小野家一起承办会计事务局汇兑业务，发行"太政官札"[⑤]。在此期间，三野村利左卫门与当时的大藏卿大隈重信、大藏大辅井上馨、

① 这是江户时期，幕府、诸大名因资金不足，向富豪町人等征收的一种公债。
② 武田晴人：《财阀的时代》，社会科学文献出版社2021年版，第12页。
③ 这是三井家总管各项事业的机构。
④ 1867年（庆应三年），明治政府设立金谷（谷）出纳（纳）所，1869年（明治二年）将国家的财务行政官厅改名为大藏省，主管日本财政、金融、税收。
⑤ 这是明治政府于1868年（明治元年）至1869年（明治二年）之间发行的不兑换政府纸币。

大藏大臣①涩泽荣一走得很近，这也为日后三井家能够单独承办回收黄金和兑换新旧货币事务及成立银行打下了基础。

1873年（明治六年），新政府设立第一国立银行，由三井、小野两家合资组建。之后又先后设立了四家银行，主要用于吸收中央、地方的存款，并在此基础上开展放贷等业务。原本这些放贷业务是没有担保的，聪明的商人又可以从中谋取利益。这时政府出于谨慎，要求资金的四分之一需要有担保。1874年（明治七年），明治政府急需用钱，将原本四分之一的担保额提高到了百分之百。对于商人来说，这简直是晴天霹雳。他们此时只有两个选择：要么按照规定准备好这笔钱，要么偿还政府存款。小野家和岛田家都没有作出回应，最终宣布破产。

当时的三井其实也没有钱。一方面紧急向外国银行借款，另一方面又是三野村利左卫门出面向政府求助，甚至不惜将自家家当拿出来，才勉强渡过难关。不过这场危机后，三井家在财界的地位很快提高了。1876年（明治九年），三井家成立了仅次于当时第十五国立银行的私营银行——三井银行。三井银行的业务主要包括两大部分，即代办中央、地方政府业务和一般银行业务，前一项业务比重远远超过后一项。也是在同一年，三井家成立了三井物产公司。成立初期，商品买卖额中米谷等农作物占绝大多数，后来三井家取得了官办三池煤矿所产煤的独家出口销售专利，煤的出口量激增，也为其日后发展海运打下了基础。

（二）新兴商人势力

1.安田

安田家的创始人是出生在越中富山县的安田善次郎，幼名安田岩次

---

① 大藏省的一系列官职，相当于如今的财政部部长、副部长等。

郎。他20岁时来到江户，没过几年便开始独立创业。1864年（元治元年），他在江户日本桥人形町的大街上开了一家售卖海苔、柴鱼、糖，同时兼营兑换钱币业务的商店，取名"安田屋"。也是在这一年，他将自己的名字从安田岩次郎改为安田善次郎。1866年（庆应二年），他将店铺迁至日本桥小舟町，改称"安田商店"，专营换钱生意。翌年，他受德川幕府委任，成了幕府御用两替商，逐渐在金融界崭露头角。明治维新后，他协助新政府发行"太政官札"，逐渐积累了一定的财富。1874年（明治七年），小野家、岛田家相继破产，安田善次郎立刻抓住这个机会，两年后，也就是1876年（明治九年），他申请设立第三国立银行，同年9月获得许可，12月正式开业。1878年（明治十一年），他发起设立东京商法会议所，被选任为议员，同年6月，他又出资参与东京股票交易所的设立。1880年（明治十三年），他将安田商店改组为安田银行。安田银行就是后来富士银行、如今的瑞穗银行的前身。两年后，他参与创立日本银行，同年10月，被任命为日本银行理事。1884年（明治十七年），他经营第七十五国立银行，次年参与设立东京瓦斯公司。可以看出，安田善次郎的经历始终围绕"银行"二字，虽然安田家后来也涉足保险、纺织、建筑、铁路交通等行业，但经营的重点一直是银行业。

2. 大仓

大仓家的创始人是出生在越后新发田的大仓喜八郎。他18岁时来到江户，21岁时独立经营起一家名为"大仓屋"的干货店，之后没多久，又开了一家火器店。1872年（明治五年），大仓喜八郎自费游历欧美诸国，进行海外视察，回国后创立了首家由日本人出资组建的贸易商社——"大仓组商会"。由于这时恰逢战争，大仓组商会承担了不少运输兵员粮草、军事物资的业务，大仓家也借此获得了财富积累。1887年（明治二十年），大仓喜八郎和涩泽荣一、藤田传三郎①等人成立了"日本土木公司"，坚守土木业，并单独成立"大仓土木"，也就是现在大成建设公司的前身。

3.浅野和古河

浅野家的创始人浅野总一郎出生在富山县，父亲是一名医生。不过他自小不愿从医，立志经商。1871年（明治四年），23岁的浅野总一郎前往东京，一度贩卖过糖水和关东煮，后来经营起了炭柴生意。在涩泽荣一的帮助下，1884年（明治十七年）浅野总一郎承购了政府的深川水泥厂，后改称浅野水泥。浅野水泥就是后来的日本水泥、现在的太平洋水泥。

古河家的创始人古河市兵卫是京都人，小时候卖过豆腐，日子过得并不富裕，后来曾一度加入小野家。1874年（明治七年），小野家破产，古河利用旧大名及其在小野家时建立的私人关系到处筹措资金，购买了草仓、幸生、足尾等几个铜矿。后来他又得涩泽荣一的帮助，以经营矿山为中心逐渐发展起来。

4.三菱

和前面几家不同，三菱的创始人并不姓三菱，而是姓岩崎。

岩崎弥太郎出生在土佐藩（今高知县安艺市）没落的乡士家族，是家中长子。1858年（安政五年），他认识了维新元勋之一的后藤象二郎，并在其提携下在土佐藩的商贸组织"土佐商会"中担任财务会计工作。1868年（明治元年），岩崎弥太郎被调往土佐藩开成馆大阪出张所（大阪商会），翌年10月，大阪商会改名为"九十九商会"，他就以非常有利的条件继承了藩营海运事业。之后没多久，岩崎弥太郎成立"三川商会"，又于1873

---

① 藤田传三郎是19世纪日本新一代工业家兼收藏家。

年（明治六年）改称"三菱商会"。人们如今熟知的三菱标志正是结合了岩崎家的"三段菱"和土佐藩主山内家的"三柏菱"。

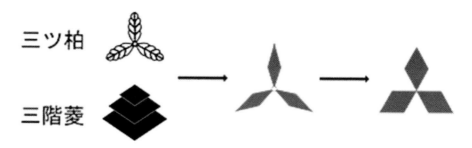

图6-1 三菱标志的演变（左上为三段菱，左下为三柏菱）

（资料来源 三菱官网）

1874年（明治七年），三菱商会改名"三菱蒸汽船公司"，在同年4月爆发的侵略台湾战争中，三菱家积极从事军事运输活动，因此取得了政府的信任。1877年（明治十年），日本爆发西南战争，三菱更是借此机会积累了巨大财富。当然，这都得益于政府的支持。

当时，大久保利通建议对民有民营海运加以保护监督，大隈重信也对三菱的军事运输行动大力扶持。明治政府不仅无偿将船只提供给三菱使用、每年支付补助金，还为三菱的海运业投入巨额财政资金。其结果就是：当时日本所有的大型轮船，几乎全都归入三菱名下。三菱利用积累起来的资本，又将其经营范围扩展到国内沿海航运及与航运有联系的汇兑业务中。就这样，三菱垄断了海运事业。

不过这种情况并没有持续太长时间。1878年（明治十一年），大久保利通遭人暗杀。1881年（明治十四年），政局发生变动，大隈重信下野。这一时期的政商与政府关系密切，三井的发展得到了井上馨的帮助，三菱的发展离不开大久保利通和大隈重信。接连的政界风波让三菱的处境越发困难。1882年（明治十五年），涩泽荣一和三井的益田孝、大仓的大仓喜八郎合资组建"共同运输公司"，在海运方面同三菱展开激烈竞争。两家的竞争一度达到白热化，具体内容我们后面再讲。

（三）从官僚转型的政商

1.涩泽荣一和五代友厚

涩泽荣一出生在埼玉县的农民家庭，他自幼聪明好学，5岁起便阅读汉文书籍，7岁开始学习《论语》和其他四书五经。他后来前往江户游学，身份从农民转为武士，侍奉一桥家及幕府。1867年（庆应三年），涩泽荣一前往欧洲学习先进的制度和技术。明治维新后，他进入大藏省为官，协助井上馨、吉田清成①等人。1873年（明治六年）和井上馨一同辞职，摇身一变成了实业家。涩泽荣一后来设立第一国立银行、大阪纺织公司，这也确立了他在日本实业界的霸主地位。他一生致力于建立各种工业、运输业等近代企业，他的资本也渗入日本铁路、轮船、渔业、印刷、钢铁、煤气、电气、炼油和采矿等重要经济部门。

五代友厚出生在萨摩藩（今鹿儿岛县），20岁左右时被派到长崎市的海军学校学习海军的战术和科学。后来他曾作为海军一员参与过战争，也和寺岛宗则②等人一起前往英国。回国后，五代友厚和西乡隆盛、大久保利通等人一起参与倒幕运动，明治维新后，他成了初级议员，并用所学西洋知识化解了不少攘夷的武士和外国人之间的冲突。1869年（明治二年），他退出政坛，将注意力转至行商方面。他以大阪为基地，同时建立并经营了几个从事国际贸易、经商和航海的大型股份公司，后来又致力于纺织业、矿山业、制盐业等的发展。他在矿山业的发展迅速，但纺织业的投资

---

① 吉田清成是明治政府的外交、财政官员。
② 寺岛宗则是明治时代的政治家、外交家，明治维新的元勋（维新元勋）之一，被称为日本的电信之父。

却以失败告终。1881年（明治十四年），五代友厚因为官有产业变卖事件遭到牵连，几年后死于糖尿病。

不论是老牌富豪还是新兴商人势力，在日本资本主义的原始积累时期，他们或多或少都得到了政府的支持和帮助。尤其是三井和三菱，分别在这一时期设立了三井银行、三井物产公司、三菱蒸汽船公司。他们最大限度利用了政府给予的特权保护，逐渐在各自的行业中确立了绝对优势的地位，并在这一过程中，得到了巨大的财富积累。但是，正如前文所述，政商一词出现于明治初期，是那个特殊社会催生出来的产物，随着日本资本主义进入产业资本阶段，明治政府调整对政商的保护政策，这些商人们也逐渐蜕去政商的外壳，开始了多元化经营。

三、从政商到综合企业组织

明治维新以来，日本政府强制推行资本主义原始积累政策。日本的棉纺织工业在短短十年内迅速发展，实现了本国纺织工业的机械化，背后自然少不了对底层农民和劳工的剥削。随着原始积累政策告一段落，政府对政商的保护政策也随之发生变化，商人们不得不调整经营策略。一些政商未能顺应时代发展，就此退出历史舞台，而另一些却在煤矿、运输、金融等多方面设立主要部门，在时代的洪流中脱颖而出。

（一）这一时期的经济政策

1880年（明治十三年），明治政府着手调整经济政策，大隈重信为了应对通货膨胀，采取了紧缩的财政政策。1881年（明治十四年），北海道开拓使黑田清隆①计划将北海道的官营企业变卖给民间。他原本打算以38.7万日元30年无利息的方式出售总投入约1500万日元的船舶、仓库、农场、煤矿、啤酒厂、炼糖工厂等官营企业。②但这一举动遭到了自由民权运动人士的强力批判，最终没能成功。伊藤博文、井上馨等人借机将提出"官营企业出售细则"的大隈重信赶出政府。天皇颁布诏书，于1882年（明治十五年）开设国会，封杀自由民权运动，这就是"明治十四年政变"。

大隈重信下野后，松方正义继续执行之前的紧缩路线，采取了包括"实行通货紧缩、整理纸币、创办日本银行；增加税收，扩充军备；向私人廉价出售官营企业"等在内的一系列政策。日本政府新设立了日本银行，并将纸币发行权收于日本银行。政府此前主导的官营企业，除了极个别的，大多效益不佳，接二连三的财政整顿更是让这些企业的经营越发困难。为了收回投资，政府不得不尽快裁撤官营企业，这就给了商人一个机会——可以以低价获得政府花巨资兴办的矿山与工厂。值得一提的是，曾经经营困境的官营企业在被商人接手后，大多业绩有所好转。"官营企业的技术设备为政商资本提供了合理化经营基础，官营企业的破产带来了后来政商的成功。"③

表6-1展示了部分主要官营企业的承购情况。比如浅野家承购了深川水泥。古河家承购了阿仁铜矿和院内银矿。1887年（明治二十年）以后，三井家相继承购了三池煤矿和富冈制丝厂。三菱家则承购了长崎造船所、佐渡金矿和生野矿山。

---

① 黑田清隆是日本政治家、第2任首相（内阁总理大臣）。积极投身倒幕运动，后任明治政府兵部大丞、开拓使次官、长官及参议等职，致力于开发北海道。
② 王文英：《三菱财阀史》，中国社会科学出版社2002年版，第23页。
③ 長岡新吉等：《近代日本经济史》，日本经济评论社1980年版，第41页。

表6-1 主要官营企业处理一览表

类别	企业名称	处理年代	国家投资（日元）（1885年底）	财产估计（日元）（1895年6月底）	处理价格（日元）	接受人
矿山	高岛煤矿	1874年	393848	—	550000	后藤象二郎，后转给三菱
	油户煤矿	1884年	48608	17192	27944	白势成熙
	小坂银矿	1884年	547476	192000	273600	久原庄三郎
	院内银矿	1884年	703093	72993	108977	古河市兵卫
	阿仁铜矿	1885年	1673211	240772	337766	古河市兵卫
	大葛金矿	1885年	149546	98902	117142	阿部潜
	釜石铁矿	1883年	2376625	733122	12600	田中长兵卫
	中小坂铁矿	1884年	58507	24380	28500	坂本弥八等
	三池煤矿	1888年	757060	448549	4555000	佐佐木八郎，后转给三井
	幌内煤矿铁路	1889年	2291500	—	352318	北海道煤矿铁路会社
	佐镀金矿	1896年	11419244	445250	1730000	三菱
	生野银矿	1896年	1760866	966752		三菱
造船	兵库造船局	1886年	816139	320196	553660	川崎
	长崎造船所	1887年	1130949	459000	527000	三菱
化工	深川水泥	1884年	101559	67965	61742	浅野
	品川玻璃	1885年	294168	66305	79951	西村胜三
纤维工业	广岛纺织所	1882年	50000	—	12077	广岛县
	爱知纺织所	1886年	58000		—	筱田直方
	新町纺织所	1887年	130000	—	150000	三井
	富冈制丝厂	1893年	310000	—	121460	三井

（资料来源 杨栋梁、江瑞平等：《近代以来日本经济体制变革研究》，人民出版社2003年版，第81—82页）

对于三井而言，承购三池煤矿意义重大（承购三池煤矿时，后来成为三井理事长的团琢磨也被一并"买"了过去）。三池出产的煤，本来就是通过三井物产公司垄断出口。1892年（明治二十五年），三井将其与其他三井系统的矿山合并在一起，设立了三井矿山公司。

对于三菱而言，这一时期承购的矿山加上之前的高岛煤矿，成了日后三菱矿业部的主要矿山。长崎造船所则为三菱发展重工业奠定了基础。事实上，三井的银行、物产、矿山以及三菱的邮船、矿业、造船等主要部门都是在这个时期确立起来的。

住友也尝试进行多元化经营。1881年（明治十四年），广濑宰平、五代友厚主导成立大阪制铜公司，1884年（明治十七年）成立大阪商船公司。除了前文提到过的别子铜矿，1887年（明治二十年）以来，住友还先后购入朝谷、中久保、藏目喜等矿山。1893年（明治二十六年），住友购入庄司炭矿，翌年购入忠隈炭矿，进军石炭产业。在制造业方面，1888年（明治二十一年），住友在神户支店的基础上开始再制茶业，翌年进军樟脑制造业。同年，在新居滨设立别子铜山附属机械制作所。1894年（明治二十七年），广濑宰平功成身退，由外甥伊庭贞刚接管住友家。翌年，住友本店从富岛搬至中之岛五丁目，同年11月，在中之岛设立住友银行，随后又进军金属加工等重工业部门，这些部门后来发展为现在大家熟悉的住友电工、住友金属。

至于其他几家。安田的经营重心一直是银行，虽然尝试过多元经营，但多以失败告终，最终还是回到了金融业。1887年（明治二十年），安田善次郎参与设立东京自来水公司，同年10月开始经营第七十八国立银行。1889年（明治二十二年），安田善次郎又被选为日本银行监事。1893年（明治二十六年），安田银行改组为合资公司。翌年，共济生命保险被编入安田系企业。之后又将日本商法银行、东京建物公司纳入旗下。1898年（明治三十一年），安田家还参与了浅野水泥公司的设立。鸿池和安田类似，经营重心是银行业，多元化经营的尝试屡屡碰壁。可以说，成功应对多元化经营的挑战一定程度上决定了曾经的政商是否能成功转型为日后的财阀。

（二）三井和三菱

对于三井而言，国家政策调整后，首先面临的问题是日本银行的成立。前文提到过，在三井银行的业务中，代办中央、地方政府的业务远超一般银行业务。1882年（明治十五年）6月，政府公布日本银行条例，同年10月，设立了注册资本1000万日元的日本银行。这就要求三井银行立刻交回此前的政府存款，可当时的三井并没有足够的钱。这回三野村利左卫门没能再次救三井于水火之中，因为他已于几年前去世了。

三井家立刻着手讨论解决方案，但由于家族性质经营保守，改革方案虽然讨论出来了，却一直没有推行。这么拖下去也不是办法，最终还是政府看不下去了。1887年（明治二十年），当时的首相山县有朋[①]委托井上馨研究对策。井上馨随后找到刚从欧美回国的高桥义雄[②]，后者表示三井如今的状况十分危险。井上馨又连忙寻找能够帮三井渡过难关的人，最后找到福泽谕吉的外甥，当时山阳铁道社的社长——中上川彦次郎。

中上川彦次郎出生在越后国（大分县），是一个普通藩士的儿子，15岁时前往大阪，次年到东京进入庆应义塾读书。毕业后他先去了一所学校任教，后来又回到庆应义塾执教。1874年（明治七年），他在舅舅福泽谕吉的资助下前往英国伦敦留学，留学期间结识了被政府公派到欧洲考察的

---

① 山县有朋是日本军事家、政治家，第3任、第9任首相。

② 高桥义雄是日本实业家、作家。毕业于庆应义塾大学，受其老师福泽谕吉"脱亚入欧"思想的影响，曾撰写《人种改良论》一书，深刻反思日本人落后的原因。

井上馨。井上馨认为此人十分优秀，回国后举荐其去工部省、外务省[①]任职。他后来因为"明治十四年政变"遭到牵连，担任过《时事新报》[②]的社长，后来又去山阳铁道社担任社长。

中上川彦次郎进入三井后，第一项着手的工作就是整顿银行。他不仅处理了之前的欠款问题，还结束了三井银行代办公款的业务，将经营重心放在吸收民间存款上。改革后的三井银行不但为本系统的企业提供资金，还一跃成为当时日本国内屈指可数的大银行。

中上川彦次郎的第二项工作是改革三井物产公司。他主张将三井物产公司的经营重心从小生产者和官场转移到国外贸易上，虽然这一想法当时遭到益田孝的抵制，但从长远角度看，只聚焦于小生产者和官场是远远不够的。

他的第三个着眼点是有意识地发展制造业。1894年（明治二十七年），中上川在三井元方设置工业部，将钟渊纺织厂、王子造纸厂、芝浦制作所、富冈制丝厂等纳入旗下。值得一提的是，虽然当时日本的棉纺织工业发展迅速，但其他行业尚不具备发展近代工业的条件。中上川彦次郎的想法虽好，但这些企业大多效益不佳。到了1898年（明治三十一年），三井的工业部解散，中上川彦次郎本人也在几年后去世了。

前文说过，大隈重信下野后，三菱一度同共同运输公司展开竞争。一直到1885年（明治十八年），政府将两公司合并，成立日本邮船公司，才宣示这场异常激烈的竞争告一段落。

这一时期，两家公司不仅比着增设航线、购入船只，还打起了令人瞠目结舌的价格战。

---

① 工部省是日本明治维新时期的中央官厅之一，主要负责推行殖产兴业政策。外务省主要负责对外关系事务，相当于外交部。

② 这是福泽谕吉于1882年（明治十五年）创刊的报纸。

共同运输公司先是增开了横滨—四日市、横滨—神户、横滨—仁川—上海等航线，企图在航线、船只的吨位和速度上和三菱一争高下。1883年（明治十六年）末，共同运输公司拥有汽船13艘、帆船12艘，仅短短一年时间，就增加到汽船24艘、帆船15艘。横滨—四日市这条航线原本使用的是700吨级的汽船，到了1884年（明治十七年）就换成1200吨级的了。[①]两家公司甚至同时从横滨、神户、函馆发出船只，比赛谁家的船更快。1884年（明治十七年）10月，三菱的帆船"须磨浦丸"和共同运输公司的汽船"山城丸"在三浦半岛的观音崎海面互不相让，最终相撞，导致前者被严重撞伤。

　　这种令人惊叹的比拼还体现在价格战上。

　　1883年（明治十六年）上半年，三菱先是主动降低了部分航线票价，比如过去从东京到长崎需要12日元、从东京到上海需要20日元，现在只分别需要10日元和15日元。到了1884年（明治十七年）后，双方更是不计成本地压价，比如从神户到横滨，过去需要5.5日元，现在只需要55钱[②]。

　　两个公司谁也不服谁，都被这种不计亏损的竞争压得喘不过气来。1885年（明治十八年）初，政府出面协调，希望两家公司各退一步，在票价、航行时刻等方面签订协议。同年2月，一直坚持对抗到底的岩崎弥太郎不幸病故，三菱家强硬的态度缓和了，两家公司也在3月初公布新的协议。不过新的协议只奏效了一个月，一个月后，共同运输公司又悄悄降低运费。新的竞争重新开始，横滨—神户之间的票价一度低至25钱。

① 王文英：《三菱财阀史》，中国社会科学出版社2002年版，第28页。
② 1871年（明治四年）颁布的《新货条例》规定10厘为1钱，100钱为1日元。

不过这种局面并没有持续太久，1885年（明治十八年）4月，明治政府新任命了共同运输公司的社长、副社长。井上馨也出面协调，最终两家公司合并，三菱出资500万日元，共同运输公司出资600万日元，设立日本邮船公司。

至此，三菱失去了海运的垄断地位（虽然没过多久，三菱又掌握了日本邮船公司的支配权）。加上此前岩崎弥太郎病故，三菱必须在这个时候寻找新的突破口。

三菱第二代总帅，也就是岩崎弥太郎的弟弟岩崎弥之助便将目光投向了矿业、造船等方面。

在矿业方面，1881年（明治十四年）三菱收购了后藤象二郎于1874年（明治七年）购入的高岛煤矿，后来发展为可以与三井的三池煤矿相抗衡的煤矿，也为日后三菱的多元化经营奠定了基础。1886年（明治十九年）至1891年（明治二十四年）间，三菱又连续购入大小煤矿37处，到了1894年（明治二十七年），三菱基于现有的金属矿、煤矿等15个厂、店①，成立三菱合资公司。在金属矿方面，三菱先后收购了佐渡、生野两矿，又购入大阪冶炼所，设置矿山部。

在造船业方面，三菱先是在1884年（明治十七年）承租了长崎造船所，到了1887年（明治二十年）正式买下来，之后在保全长崎造船所的基础上，设立神户造船所。在汇兑及仓库业方面，1880年（明治十三年），三菱设立三菱汇兑店，经营专门的货物汇兑贷款及普通汇兑、存款业务，后来因为不景气及与共同运输公司竞争，被迫关闭。1887年（明治二十年），三菱基于此前汇兑店的仓库设施，设立东京仓库公司，这一举措促进了北海道的产业开发与物资运输。

① 柴垣和夫：《三井和三菱——日本资本主义与财阀》，上海译文出版社1978年版，第35页。

在保险业方面，岩崎弥太郎曾出资东京海上保险公司、明治生命保险公司。前者于1896年（明治二十九年）成为三菱的准直系公司，后者则是日本第一家生命保险公司，从成立之初便和三菱保持密切关系。在银行业方面，1885年（明治十八年）三菱将第一百一十九国立银行和第一百四十九国立银行合并，成立新的第一百一十九国立银行。又于1895年（明治二十八年）在公司内部设立银行部，继承第一百一十九国立银行的业务，也就是后来三菱银行的前身。

此外，1890年（明治二十三年）三菱还在东京丸之内附近购买了8.1万坪（1坪合3.3057平方米）的土地，为其日后发展房地产业打下基础。在造纸业方面，1898年（明治三十一年），三菱收购了神户造纸公司。在运输业方面，三菱设立了山阳铁道公司、筑丰铁道公司，还经营了日后发展成近代化大农场的小岩井农场。

（三）这一时期几大家族企业在组织形式方面的调整

三井在这一时期确立了同族会和新的家规。

1891年（明治二十四年），三井家由8名正会员，加上涩泽荣一、益田孝、中上川彦次郎等7名顾问，共15人组成临时评议会。两年后，中上川解散了临时评议会，设置三井家同族会，管理三井家的家务、营业和人事。虽然名义上由三井同族会统辖各项事务，但实际经营还是由益田(三井物产)、中上川(三井银行)等人负责。

同一时期，三井还制定了新的家规。三井家最早的家规可以追溯到第二代家主三井高平所定的《宗竺遗书》，这份遗书直到明治维新时期还具有严格的约束力。后来随着形势变化，"中上川改革"时便开始起草新的家规，直到1900年（明治三十三年），确定了新的家规——

《三井家宪》。

《三井家宪》共10章109条①，内容包括：关于同族义务及家族资格；关于同族间的情谊和子弟教育的规定，关于参预政治、负债和禁止担保债务的规定，关于工商业、投资、禁止担任系统外公司职务的规定，关于调停同族间的纠纷、从事营业义务；关于同族会的组织、议事项目及同族会事务局的规定；关于婚姻、养子过继及分家的规定；关于监护的规定；关于继承的规定；关于各营业店董监事所组成的董监事会的规定；关于划分营业资产、共有财产、家产等财产的规定；关于制裁犯规者的规定；补充规定。

新的《三井家宪》基本忠实于《宗竺遗书》，要求家族成员需共同拥有财富，而且认定了代表11个家庭首脑的成员资格，这些人就是日后站在三井家庞大企业集团金字塔顶的人物。虽然《三井家宪》中的一些规定依然保留了浓厚的封建色彩，但明确要求将企业经营和家庭经济分开，这一点无疑是顺应时代的。

经常拿来和《三井家宪》作比较的是《住友家法》。

初代住友家主晚年曾写下《文殊院旨意书》，简单介绍了商业心得，开篇就强调"做事要精益求精，经商亦应如此"。可谓住友精神的起点。

到了江户时期，住友家也有了类似家规的制度。1882年（明治十五年），作为总代理人的广濑宰平在前项家规的基础上进行修改，制定了新的《住友家法》，又在1891年（明治二十四年）加以改定。改定前的家法共19章，强调了别子矿山的重要性，以及住友的基本经营理念"不为浮利所动"。改定后的家法和《三井家宪》类似，除了规定家族内的婚姻、养子过继、继承等事宜，强调别子矿山的重要性，还指出住友的经营需要

① 武田晴人：《财阀的时代》，社会科学文献出版社2021年版，第79页。

"以诚实守信为本"，同时"顺应时代变化""不为浮利所动"。

至于三菱，和三井、住友相比，三菱的组织规程就简单得多。由于三菱和其他两家情况不同，本就是"外姓人"起家，不存在家族成员和主管经营的负责人之间的对立，自然也就不用详细规定各种家族内部事宜。

三菱其实在这一时期并没有确立规章制度，一直到1934年（昭和九年）才正式确立其经营理念——"三纲领"。"三纲领"包括所期奉公、处事光明和立业贸易。其中"所期奉公"指的是通过发展事业，努力实现物质和精神更加丰富的社会，同时为维护宝贵的地球环境作贡献；"处事光明"指的是以光明磊落为行动的宗旨，保持经营活动的公开性和透明性；"立业贸易"指的是在全球及宇宙的宏观视野下开拓事业。

如表6-2所展示的，这一时期各大家族企业纷纷制定家法、家宪，比如安田于1887年（明治二十年）设立"保善社"，安田善次郎任总长，制定社规，规定安田本人名义上持有50%的股份，剩下的50%分配给10个家庭。此外，鸿池也于1889年（明治二十二年）出台"鸿池家宪法"，规定家主位于鸿池家族的最高支配地位，不得专断独行。

表6-2 明治时期近代企业的家宪制定

制定时间	日本历	家宪名称
1882 年	明治十五年	《住友家宪》
1885 年	明治十八年	《岩崎家家宪》
1886 年	明治十九年	《曲尾家家宪》
1887 年	明治二十年	《安田家家宪》
1891 年	明治二十四年	《涩泽家家宪》
1896 年	明治二十九年	《住友家宪》
1906 年	明治三十九年	《诸户清六遗言》

（资料来源 尚攵：《日本企业经营理念的历史考察——以家训·家宪·社训为中心》，《现代日本经济》2019 年第 4 期）

这些家族规程虽然各有特色，但总的来说都涉及对同族构成的规定、有关财阀家族协议机关的规定、家族成员行为准则的规定。至此，为了适应日本资本主义新形势，在上一时期获得了一定原始积累的政商逐渐从家族企业向近代企业组织形态转型，他们中的一些在煤矿、金属矿方面建立生产部门的据点，在棉纺织工业的流通部门谋取积累资本，建立横跨生产、流通、金融等部门的多种经营机构，并在此基础上开展更为广泛的多元化经营。

四、巨型组织的成立

19世纪末20世纪初，资本主义从自由竞争阶段过渡到垄断阶段，少数帝国主义国家金融资本开始在世界范围内的剥削和统治，使帝国主义成为金融资本统治下的世界体系。1902年（明治三十五年），日英同盟缔结，日本成为帝国主义列强的一分子。随后日俄战争的胜利，又让日本在修订不平等条约的路上更进一步。1911年（明治四十四年），日本同各国重新订立通商条约，大体上取得了完全的关税自主权。

日本资本主义也在20世纪初走上了帝国主义的道路，国家财政急剧膨胀，进一步促进了垄断的形成。在这一时期，原本就占据统治地位的棉纺织工业迅速形成垄断组织，与此同时，三井、三菱等综合企业组织将大量资本投入重工业、化学工业等产业，虽然在整个工业结构中，这些新兴产业尚不及轻工业，但对几大财阀的产业结构产生了巨大影响。甲午战争、日俄战争后，日本国家资本与天皇家族资本结合起来，靠不平等条约保护下的权益，从殖民地获取廉价资源和高额回报。这些综合企业组织也开始利用不平等条约将其贸易网络扩张到朝鲜和中国东北，并从北洋军阀政府手中攫取铁路修筑、海运、内河航运、矿山开采等权益。随后的第一次世界大战更是促进了贸易需求，各大家族资本借此机会积极投资钢铁、造船、化工领域，建立起日本最初的重化工业体制，并在第一次世界大战前后相继形成以家族持股公司为核心、开展多元化经营的康采恩体制。[1]

武田晴人对1896年（明治二十九年）到1914年（大正三年）期间，三井、三菱、住友的投资领域及投资额进行了统计。可以看出，多元化经营的推进、事业部门的扩大是这一时期几大财阀的主要特征，其在日本经济发展过程中的影响也越来越大。

表6-3 财阀的投资领域及投资额

（单位：千日元）

	1896年			1914年			1919年		
	三井	三菱	住友	三井	三菱	住友	三井	三菱	住友
矿业	8129	6638	6222	57692	13719	11017	132562	67980	20748
金属			357			5138			28836
钢铁				29125			41057	46942	11033
运输机械		2056			11255			167752	
电气机械				5147			22134		
化学							24831		
陶瓷	295			3808			7954		
纸浆	1230			13968			46673	11261	
纤维	3284			40285			84316		
水产、食品				30152	3066		53519	8783	
海运		18330	3865		73189	34694		232134	132658
商事	5227		384	172555	7026		516754	44843	
银行	34257	11114	2133	131777	66798	83461	477269	292927	554086

（资料来源 武田晴人：《财阀的时代》，社会科学文献出版社2021年版，第90页）

---

[1] 高宇：《日本财阀企业的发展及其社会影响》，《日本学刊》2012年第4期。

1907年（明治四十年）以后，三井将投资煤矿的目光投向北海道，收购了北海道炭矿汽船公司。值得一提的是，这一时期的收购方式和以往有所不同。过去财阀收购企业，通常采用简单收买的方式，而这次三井是先取得了对方的股权，再由三井物产公司取得对方的经销权。北海道炭矿汽船公司后来与英国维克斯（Vickers）、阿姆斯特朗（Armstrongs）两家公司共同出资，成立日本制钢所、轮西制铁所，经营金属矿业。

此外，由于明治末期电力勃兴，三井基于此前的芝浦制作所，成立电机部，营业额大幅提高。和芝浦制作所情况类似的还有王子造纸公司，王子造纸公司前期的效益并不好，后来经过改革，在第一次世界大战期间营业额大幅提升。1900年（明治三十三年），三井投资台湾制糖公司。1907年（明治四十年），岩崎家投资设立旭硝子玻璃公司，后来发展成全球最大的玻璃制造公司之一的AGC公司。

在流通部门方面，三井物产公司不仅发挥着物产公司的职能，正如前文所述，在收购其他公司方面也发挥着重要作用。"明治末年，三井物产公司逐渐促进了本系统各公司的成立，到大正时期，越发加强了这一形势。在生丝生产方面，它保有了帝国蚕丝、河野制丝、片冈制丝、日华制丝、郡是制丝等各公司的股份。以此为起点，在煤炭生产方面，投资额达二千六百万日元。到1919年（大正八年）上半年，它已成为拥有三亿七千九百七十八万日元的庞大金融力量，并与很多生产公司发生资本及放款关系、直至掌握其产品的独家经销权。当时与该公司订立独家经销契约的生产公司多到八十家以上。"[1]

至于三井银行，这一时期的三井银行更看重长期存款业务及对旁系

---

[1] 柴垣和夫：《三井和三菱——日本资本主义与财阀》，上海译文出版社1978年版，第65页。

企业的放款业务，如前文提到的台湾制糖公司、北海道炭矿汽船公司、王子造纸公司、芝浦制作所等。在这一点上，三菱银行也是类似的，放款对象开始向化学工业等新兴产业倾斜。

至于三菱在其他方面的变化，和三井类似，这一时期三菱也将投资煤矿的眼光投向北海道。1911年（明治四十四年），三菱设立临时北海道调查科，1915年（大正四年）、1916年（大正五年），分别通过放款并取得对方销售权的方式收购了美呗煤矿和大夕张煤矿，与此同时向北九州的唐津煤田发展。在金属矿业方面，这一时期三菱铜产量上升，主要依靠的是新设备和新技术。1908年（明治四十一年）至1919年（大正八年）间，三菱共开发或购买了21座金属矿，不过规模都不大。与此同时大力发展金属冶炼业，扩大大阪冶炼所，后来又将大阪冶炼所改为三菱矿业部的直属单位。

在钢铁业方面，1911年（明治四十四年）三菱买下位于朝鲜的兼二浦铁矿山及附近的铁矿区，后设立临时制铁所建设部。1917年（大正六年），成立三菱制铁股份公司。在化学工业方面，1898年（明治三十一年）三菱收购筑丰焦炭制造合资公司的焦炭制造所，开始生产焦炭，后来受到东京煤气、大阪煤气、三池煤矿等的影响，引进先进设备，开始制造焦炭煤气、氨水、沥青、煤焦油等。此外，1907年（明治四十年）三菱还创立旭硝子玻璃股份公司，成为这一时期三菱系化学工业的中心。

在造船业方面，1905年（明治三十八年）三菱设立神户造船所，后又在下关附近设立彦岛造船所。1908年（明治四十一年）三菱合资造船部开始采用独立核算制。三菱的长崎造船所于1911年（明治四十四年）开工建造巡洋舰"雾岛号"，随后经营情况开始好转。之后的第一次世界大战的爆发更是极大促进了日本的海运业和造船业。1914年（大正三年）到

1918年（大正七年）的几年间，三菱造船所的造船量从3.26万吨（5艘）增长到19万吨（38艘）。[1]此外，造纸业的腾飞也让三菱的神户造纸所在这一时期有了稳步发展。1907年（明治四十年）三菱还投资成立了麒麟麦酒公司，于20世纪90年代开始销售人们熟悉的"KIRIN一番榨"啤酒。

相比之下，住友在这一时期的变化不是很大。

住友的矿业部门依旧以别子矿山为中心，随着煤炭部门的扩展，占比有所增加。1897年（明治三十年），住友在大阪的安治川开设住友伸铜场，1900年（明治三十三年），伊庭贞刚成为住友家第二代总理事，在中之岛开设分厂，开始经营铜板、铜条及锌、铝等产品。1901年（明治三十四年），住友将日本铸钢所改称住友铸钢厂，钢产量增长。住友伸铜场和住友铸钢厂随后开始生产军需物资，后来合并发展成住友金属工业公司。

不过由于当时技术有限，金属冶炼会产生含有硫黄成分的浓烟，对周围的农作物和森林造成破坏。为了解决这个问题，伊庭贞刚决定将冶炼所搬至距新居滨海岸20千米的无人小岛"四阪岛"上。1905年（明治三十八年），四阪岛冶炼所正式投入生产。但好景不长，有毒气体的问题并没有得到解决，烟害更加严重，这些气体随风又飘至新居滨一带。农民对此表示强烈抗议，有毒气体问题和"足尾铜山矿毒事件"[2]一样成为当时的社会焦点。1910年（明治四十三年），住友签订第一次烟害赔偿契约书。

---

[1] 王文英：《三菱财阀史》，中国社会科学出版社2002年版，第97页。

[2] 明治中期的社会问题，一般认为是公害的起源。随着足尾铜矿的发展，矿毒流入渡良濑川，造成严重灾害，鱼死、田地荒废。河流两岸被害农民要求停止开采铜矿，进行请愿。1891年（明治二十四年）后，在帝国议会上，议员田中正造等也要求政府采取对策，但政府未能顺利地采取适当措施。1897—1900年，被害农民一再大举进京，试图与政府交涉，并同警察发生冲突。1901年田中正造终于直接上告于天皇。1903年政府发布消除矿毒的命令，但未彻底解决，而农民的请愿运动却因遭到镇压和破坏而逐渐停止。

后来经过不懈努力，住友终于研究出了利用排放的有毒气体制造化肥的方法，并于1913年（大正二年）成立住友化学的前身"住友肥料制造所"。1911年（明治四十四年）住友还成立了住友电线制造所，加上此前成立的住友银行和1899年（明治三十二年）成立的仓库，使住友在日俄战争后也发展成为一大垄断财阀。

随着多元化经营的推进，各大财阀逐渐实现了金融资本的多样化。过去是一家财阀下设多家企业，财阀是众多企业的集合体，而如今则是一个总的资本去从事多样化经营。如此一来，财阀总部便被赋予新的职责，这也要求他们在形态上发生转变——设立持股公司、形成康采恩集团。

康采恩（德语为Konzern，英语为Concern）是日语企业集团的音译，是一种通过由母公司对独立企业进行持股而达到实际支配作用的垄断企业形态，目的在于增强经济优势、垄断销售市场、争夺原料产地和投资场所、获取高额垄断利润。在资本主义经济发展史上，康采恩于19世纪末至20世纪初在主要资本主义国家先后形成。

前文提到过，1900年（明治三十三年）三井家确定新的家规。《三井家宪》规定三井系统内的各企业由三井商店董监事会管理。出于集团整体利益公平性的考虑，三井家又在1902年（明治三十五年）设立了独立统辖全局的总管理处。之后几年，益田孝出国访问，考察了欧美富豪的资产管理组织，建议将各企业部门改组为股份公司，并设立以同族11家为成员的无限责任的合名公司。

1909年（明治四十二年），三井银行、三井物产公司分别改组为股份制公司，与此同时，同族会总管理处法人化，设立三井合名公司。1911年（明治四十四年）三井矿山合名公司也改组成股份制公司。至此，三井的三大直系公司全部完成改组。三井合名公司成立后，不再干涉子公司的经营，而是作为控股公司从三井事业整体的角度考虑人事管理、资金配置等事宜。

三菱也几乎同时进行了实质上的改组。1894年（明治二十七年）三菱合资公司成立，直接经营各直系企业，之后不久便爆发了中日甲午战争、日俄战争。日本的接连胜利大大促进了日本工商业的飞速发展，三菱合资公司也借此机会陆续收购了一系列矿山、工厂，到1907年（明治四十年）时，资本已达到1500万日元。

从1908年（明治四十一年）起，三菱开始实施制度改革，它先后在银行、造船、煤矿、金属矿、营业、地产6个部门实行独立核算制（即合资会社预先确定各个部门的分配资金，各部门根据所得资金各自运营，再将获得的收益按比例上交）。换言之，此时的三菱虽然没有正式采用康采恩形态，但各部门实际上已经完成了组织形式上的转换。至于正式改组为股份制公司，已经是1917年（大正六年）以后的事了。[①]

至于住友，1909年（明治四十二），住友将"住友本店"改称"住友总本店"，下设别子矿山、住友银行等内部事业组织。这一时期的住友本店虽然具备了法人性质，但并非严格意义上的法人。明治末期，住友旗下的事业组织会从总社获得事业资金，再将其盈利的一部分返还给总部。1912年（大正元年），住友银行实现了股份公司化。住友制钢所、别子矿山也分别在1915年（大正四年）、1927年（昭和二年）实现股份公司化。

安田于1912年（明治四十五年）设立合名公司保善社，资本1000万日元。其他的几家财阀，如古河、大仓、藤田、浅野等，也出于强化管理、节约税金的目的，相继设立持股公司，完成了向康采恩的转变。

---

① 柴垣和夫：《三井和三菱——日本资本主义与财阀》，上海译文出版社1978年版，第72页。

为了摆脱西方列强的殖民危机，日本在明治时期不断推进近代化。从世界史的角度来说，明治时代可谓日本工业革命的时代。如今人们耳熟能详的财阀也纷纷在这个时期崭露头角。明治初期，政商在新政府的大力支持与保护下，不断积累原始资本，得到迅速发展。到了明治二三十年代，新政策的实施、日本银行的成立、官营企业的出售更是促使商人们向企业集团转变。他们接连蜕去"政商"的外壳，将视野投向生产、运输、金融等行业。随着多元化经营的不断推进以及第一次世界大战带来的贸易、军费需求的提升，这些巨型企业积极投资钢铁、造船、化工等领域，为了有效保存并管控企业的收益，又纷纷成立持股公司，形成了康采恩集团。这就是明治时期的日本财阀，他们中有的从江户富豪转型，有的白手起家，但无一例外都抓住了明治政府这一"靠山"，在时代的洪流中把握机遇，在日本资本主义发展史上留下了浓墨重彩的一笔。人们将第二次世界大战之前日本的这些康采恩集团称作"财阀"，自此日本经济就处在这些金融寡头的支配之下了。

第七章
日本资本主义之父涩泽荣一

———

在2024版1万日元面值纸币上的肖像正是涩泽荣一。作为日本资本主义之父，他倡导公益与利益之兼得，并参与了约500家实体创业与经营企业，包括金融业的瑞穗银行、东京海上保险、东京股票交易所、交通业的JR（日本铁路公司）、京阪电铁、农林水产的日本水产、商工业的片冈工业、东洋纺、王子制纸、帝国剧场、帝国饭店、日经报、札幌啤酒、清水建设、日本游船、圣路加医院等。"算盘虽然看上去和《论语》相隔甚远，但其实很近。"这句话出自由涩泽荣一众多的讲演内容构成的《论语与算盘》（1916年版），该书在日本是无人不知的名著。

"现代管理学之父"彼得·德鲁克对涩泽作出了高度评价，认为新日本是建立在旧日本的基础上，涩泽是明治时代最重要的代表人物之一，某种意义上可以说，涩泽奠定了日本近代产业的基础。

图7-1 "日本资本主义之父"涩泽荣一成为登上2024年发行的1万日元钞票的人物

（资料来源 日本国立印刷局网站，http://www.npb.go.jp。）

涩泽91年的人生跨越了江户、明治、大正、昭和四个时代。他的人生历程一般被分为青年期，做德川庆喜的家臣、幕臣和明治政府仕官的时期，以及辞官从商的实业家时期。本章试图从涩泽荣一的三个不同阶段来阐述这位日本资本主义之父从江户到明治时代的人生足迹。

一、儒家教育与家业商业熏陶

1840年2月13日，涩泽荣一出生在埼玉县深谷市的血洗岛村。父亲市郎右卫门，在拿俸禄做武士与经营自家富农家之间选择了后者，入赘到被允许佩刀的涩泽家，从事农业与养蚕工作。他收购蜡染蓝叶，将其加工成染料后卖给蜡染屋，通过提高染料质量，拯救了衰落的家业。

涩泽荣一从5岁（1845年）开始跟着父亲学习《三字经》，1853年开始帮家里务农，做蓝染生意。涩泽荣一从7岁起去其表兄尾高惇忠开设的私塾上学，接受四书五经方面的教育。后来涩泽一贯的伦理基础，也正是建立在儒学之上。

尾高对学生们的教育方针，主要是阳明学的知行合一。他没有按照当时常用的教学方法，让学生死记硬背，而是采用多读速读的方法。正是这种实践性的归纳思维，为涩泽后来的实业思维奠定了基础，让他善于从各个事例经验中迅速导出自己的答案。

日本的中国古典研究家守屋淳认为，正是因为从小接受了四书五经的基本教育，涩泽对德川幕府的士农工商的阶层与世袭制度感到无可奈何，并立志要做武士"修己安人""修己治人"，改变政治体制。

至今，在尾高惇忠的旧宅里，还保存着当时北武藏的年轻人策划倒幕的房间。他们要草莽崛起攻取高崎城，火烧横滨商馆来尊王攘夷。但后来起兵计划受挫，涩泽荣一与堂兄涩泽喜作奔向京都。

图7-2 尾高惇忠旧宅

（资料来源 笔者摄）

二、做德川庆喜家臣、幕臣与明治政府仕官的时代

当时的日本正处于幕末，社会错综复杂，若不打开国门开展贸易，就意味着开战。锁国中的日本幕府很紧张，在各地危险局势下与西洋列强签下了不平等条约，开始了贸易往来，日本各地物价上涨。在国家兴亡的背景下如何保护日本不受列强侵犯，为此日本国内出现了多种价值观，如有尊崇天皇的尊王派、有攘夷派、有佐幕派。各方观点不一，彼此竞争激烈，发生了很多冲突。正是在这种争斗中，推动了日本近代化。

（一）小试牛刀，增加一桥家的财政收入与留法投资

在纷乱下，命运让涩泽荣一等人在京都获一桥家家臣片冈元太郎赏识，成为武士，并开始小试牛刀施展经商才干。

在具体实施中，鉴于当时各地海防急需枪炮火药，涩泽荣一提出大量开采收购作为火药原材料的硝石，由于会给一桥家带来利益，这一提议很快得到了批准。涩泽荣一首先在冈山设立了四处硝石制造所，在人才任用上，他录用了懂硝石制造的剑术家关根，为出产硝石的农民支付本金并按定价收购；另外，除了直销大米，为了方便收购藩内特产——播州木棉，将其流通到大阪的批发商处，他还特地发行了纸币——藩票，并应村民要求建立了藩票与现金的兑换渠道。一系列的举措改善了水户藩的财政。

1867年，涩泽荣一参加第15代将军德川庆喜之弟德川昭武（后来的水户藩藩主）的随行使节团，参加巴黎万国博览会。之后的一年半里，他们还周游了法国、瑞士、荷兰、挪威、意大利与英国等欧洲各国，接触了

兵器工厂、电信制作所与制铁厂等的资本主义近代化的先进成果。这让涩泽荣一深感要想提高经济力量，就必须提高商人的地位。

当时拿破仑三世的经济政策主要有三点：第一是提供金融环境，把钱流通到需要的地方；第二是建设基础设施，以确保人才与物资的流通；第三是培养转动资金与物资的人才。在这三项政策下，法国的经济发展一直居欧洲首位。拿破仑三世最重视的是整顿金融环境。"正当而稳定的政府，须在精神与物质中建立秩序。那么建立秩序意味着什么？就是重新带来信用。"[1]为了实现这三个经济政策，法国具备了近代式银行和近代式股份公司这两个条件。近代式股份公司承载了人们想赚钱的欲望，近代式银行则承载了控制其信用，以信用为媒介来转动资金。后来，涩泽荣一也正是用信用转动经济来推动日本的发展的。

由于德川庆喜"大政奉还"，幕府给一行留法人员的汇款也就此中断。作为庶务会计的涩泽，在当地银行家的建议下，用手上的钱先买了法国公债，又买了大约2万日元的有息法国铁路股，结果回国时，除了利息与分红，还获得了500日元的资本利得。此举第一保证了德川昭武一行的费用，第二点燃了涩泽荣一后来对发行纸币、债券与建立银行的热情，第三为他在1873年成立第一国立银行、募集股东提供了可以分享的成功经验。[2]

（二）在维新后的静冈藩进行金融商业试验

江户开城后，曾在绪方洪庵塾学习过的长州藩大村益次郎，在指挥

---

① NHK：《100分名著节目：涩泽荣一的〈论语与算盘〉》，2021年。
② 宫本又郎：《涩泽荣一 开启日本近代之门的财界领袖》，株式会社PHP研究所2016年版，第222页。

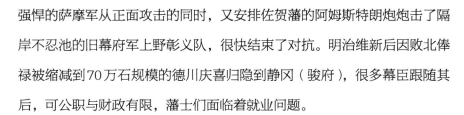

强悍的萨摩军从正面攻击的同时，又安排佐贺藩的阿姆斯特朗炮炮击了隔岸不忍池的旧幕府军上野彰义队，很快结束了对抗。明治维新后因败北俸禄被缩减到70万石规模的德川庆喜归隐到静冈（骏府），很多幕臣跟随其后，可公职与财政有限，藩士们面临着就业问题。

1868年，涩泽荣一从法国回国后，在静冈藩度过了10个月。虽然这只是其生涯中的一个短暂时期，但是他和当地人民一起施行了诸多具有远见性的近代化举措。

为了振兴静冈藩的产业与商业，涩泽很快辞去在静冈藩的财务职务，在1869年策划组织了株式会社的前身"静冈商法会所"（具有资本银行与商社功能）。这一组织带有"合本"色彩，除了政府借给静冈藩的资本，当地商人也参与了投资运营。

在涩泽的指挥下，商法会所可定期存款与抵押贷款，商业上为鼓励农业，从京阪方面买进谷物售给静冈藩内，从东京购进肥料售给藩内各村，还把蚕卵纸与蚕茧卖到横滨，利用海运与京阪、伊势、东京深川等进行广域交易，在短期内获得成功。①

（三）一年五个月速成的世界遗产与日本国宝——富冈制丝厂

外压让原本处于割据状态的各藩联合起来，逐渐形成以天皇为中心的中央集权形态，开始强制性推进近代西欧化政策。财政与军政改革让明治政府金库见底，面临破产危机。为了临时应急，渡过难关，明治政府向大商人借款，并发行临时货币。

在乡纯造的推荐下，1869年（明治二年）11月大藏大辅兼

---

① 宫本又郎：《涩泽荣一 开启日本近代之门的财界领袖》，株式会社PHP研究所2016年版，第46页。

民部大辅大隈重信说服涩泽荣一入仕明治政府，就职民部省"租税正"。

在处理外交过程中，大隈发现外交问题的根源在国家财政，整顿货币制度是当务之急，于是在他的提议下成立了新部门"改正挂"，以大隈重信、井上馨与伊藤博文等为后盾，吸纳了前岛密等有能力的人才。作为主管的涩泽推进了包括铁路、电信、测量率、邮政法、太阳历、租税、簿记法与货币法等在内的很多新政策的规划方案。

日本近代工业在初期由国家承担风险，以工部省为中心，在矿山开发、铁路经营、制丝、造船与制铁等领域建设官营的模范设施。造成这一现象的原因是当时无论是矿山铁路、小学教育还是雇用外国技术人员都需要钱，由于民间还没有足够的资本与技术来殖产兴业，所有支出只能由政府承担。这也造成明治政府面临财政困难。

在效果上，日本明治时期的官办工厂发挥的最大作用是引入先进技术、培养技术传习生，先行尝试早期工业化，免除了民间早期创业时所需的尝试与摸索，这对资本主义的发展起到了极大的促进作用。当时，生丝与茶叶是日本出口的领军商品。但受欧洲蚕微粒子病的影响，日本的手工丝绸存在生产效率低、质量参差不齐的问题，即便如此，也依旧供不应求。只要建设大规模的制丝厂，就能解决日本蚕丝粗制滥造的问题。当时官员里只有涩泽荣一出身农家，熟知养蚕，参加过巴黎万国博览会，在里昂学习过这方面的知识。他调查立案后，获得了大隈重信的批准执行。

1870年，涩泽荣一成为筹办富冈制丝厂的事务主任。

富冈制丝厂在当时税法尚未完善、资金周转困难的背景下，于1872年（明治五年）作为主干产业获得批准，顺利开业。

图7-3　红砖-木结构的富冈制丝厂

（资料来源　笔者摄）

在人员任用上，涩泽荣一把刚被升调到民部省、曾助力发行《养蚕指导书》一书、掌握着丰富的养蚕知识的尾高惇忠请来担任富冈制丝厂的第1任厂长。

在选任外国技术人员时，涩泽荣一多次与德川的法国外交顾问会谈，并在他们的推荐下，聘用了制丝技术人员保罗·卜鲁纳。

福岛县、长野县、群马县与埼玉县等地区蚕丝业一直十分发达。尾高惇忠与卜鲁纳走访了长野县、群马县与埼玉县，反复考量气候、水质、土地等多个因素，最终把厂址定在了群马县的富冈。

富冈制丝厂从开工到竣工，只用了1年5个月。它整体为木制结构，中心柱采用榉木，红砖之间使用石灰，简约而优美。

从幕府时代起，出于基础建设、培养产业和日本近代化的需要，聘用的外国人工资比明治的政府高官还要高。法国技术人员卜鲁纳的月薪是600日元，相当于日本政府右大臣的月薪，而当时参议大久保利通月薪是500日元，工部省大辅伊藤博文月薪是400日元。

尽管技术与资金要素已经具备，但劳动力的短缺成为阻碍经济发展的绊脚石。因为在社会上充斥迷信思想，当地人误以为法国技术人员喝的红葡萄酒是人血，找女孩子去是为了抽血。尽管大藏省劝业寮向全国发出告谕书说这种说法是谣传，招来的女孩子培训后将获得国内制丝教师资格，但依旧没有人敢来做传习女工。于是尾高惇忠作出示范，从家里把长女尾高勇叫来第一个报名。1872年7月，14岁的尾高勇揭开了日本近代女性劳动史的新一页。

当时的女工，很多出身于豪农、豪商、士族或是地方官家。除了培训制丝技术，尾高惇忠还重视女工们的纪律与风纪道德、读书识字与缝纫等。第二年（1873年），英照皇太后与皇后参观富冈制丝厂。人们逐渐以自己的女儿能去富冈制丝厂、为国家做贡献为荣。

官营模范工厂创业阶段实行的是8小时工作制，周日休息。这反映了基督徒卜鲁纳的经营方针，让女工们在业余时间可以学习提高自身修养。但是1900年（明治三十三年）民营化后，一天工作时间最长可达13小时。

1909年（明治四十二年），日本生丝出口量超过意大利，一跃成为世界第一。

2014年富冈制丝厂和周边丝绸产业遗产群入选世界文化遗产，被世界遗产委员会评价为"在19世纪最后25年成为复兴蚕桑业和日本丝绸工

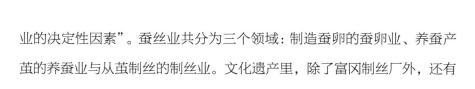

业的决定性因素"。蚕丝业共分为三个领域：制造蚕卵的蚕卵业、养蚕产茧的养蚕业与从茧制丝的制丝业。文化遗产里，除了富冈制丝厂外，还有群马县的田岛弥平旧宅（生产蚕茧的实验农场）、高山社旧址（传授养蚕知识的学校）、荒船风穴（蚕卵冷藏设施）。

蚕卵农家田岛弥平1863年发明了"清凉育"的方式，重视空气流通，注意保持蚕房温度，让其不发生剧烈变化。田岛弥平并没有私藏技术，而是把技术传授给同行，使这项技术在明治初期的10年里普及到日本全国。高山社的高山长五郎也积极传授养蚕技术。随着对蚕茧质量的要求逐渐提高，群马县内各地活跃召开意见交流会，推进改良并传习养蚕技术。在人们的不懈努力下，明治时期的群马县成为养蚕先进地区。

为把国富源泉之一的蚕丝业与殖产兴业联系起来，日本皇室自1871年（明治四年）起开始在宫中养蚕。选教师的工作由大藏省负责。当时大藏省内高官都是武家出身，于是这个工作就落到了涩泽荣一头上。涩泽推荐了田岛武平与田岛弥平去宫中教授养蚕。第1任富冈制丝厂厂长尾高惇忠，也和田岛武平与田岛弥平十分熟悉。

富冈制丝厂的成功，除了世界市场的需求、选址等天时地利的因素，也有涩泽荣一（负责中央策划）、尾高（负责设立实务）、田岛弥平（倡导清凉法养蚕）等人和因素。

德鲁克认为明治时代给我们的最大的启示是其集中力——分清优先主次，把目的清晰化，集中资源。明治时代，人们对西方技术模仿到一定程度后，把资源集中到了社会变革上，取得了巨大成功。

三、辞官从商的金融家与企业家时期

（一）"银行就像一条大河"

东京的老字号水果专卖店千疋屋董事长大岛博曾提到，时代变迁使日本桥从商业街转变为金融街，可见日本桥受金融王涩泽荣一之影响。笔者还在岩手县的盛冈市，参观了国立银行分行旧盛冈银行。

明治政府建立后，三野村明确了三井家对新政府的财政支持，帮助流通新政府发行的早期货币——"太政官札"。1872年，大隈重信参议，井上馨与涩泽荣一告知三井如想成立银行，必须要把萎靡不振的和服产业割离开来。1876年（明治九年），三野村咬牙抗住三井家族的极力反对，把事业危机减少到了最小范围，获得了展开银行业的自由。继三井银行后，同年三井物产作为三井事业基础之一也诞生了。

文部省要求盖学校，工部省①要求盖工厂，司法省要求盖法院，陆军省要求建设军队。大藏省为稳定财政，而与各个部门对立，最后在政治斗争中败北，被削减了权限。再加上关于国立银行的意见不一致，1873年（明治六年），大藏省的井上馨与部下涩泽荣一、益田孝辞职。井上和益田开办了商社，但随着井上回归政界，商社解散。三野村和益田商议后，作为三井物产继承了商社。

同事对涩泽荣一辞官一事感到不屑，认为他为了赚钱去做卑贱的买

---

① 工部省是明治初期日本为从农业社会转换为工业社会最早设置的中央省厅，开办的工学寮（后来的工部大学校）是为实现殖产兴业的政策而开设的高等训练机构，聘用了亨利·戴亚等很多国外学者与技术人员，并向海外派遣留学生。

卖。当时政府里多是武家出身，认识到培养民间企业重要性的人不多。在"官尊民卑"的价值观前，涩泽的回答是——"我将终生贯彻《论语》给你看"。

图7-4 东京瑞穗银行

（资料来源 笔者摄于东京瑞穗银行）

1875年（明治八年）5月，涩泽荣一迈出了自己"天命"的一步，创立了日本最早的银行——第一国立银行（瑞穗银行[①]）。在募集股东的文字里，他写道："银行就像一条大河。……还没有汇集到银行的钱，就像水沟里的积水或是水滴，有时藏在豪商富农的仓库里，有时被打工仔或阿婆揣在怀里，这就无法帮助人们让国家富起来。这些水虽然有流动的力量，但遇到堤坝与土丘就会受阻而无法前进。但若是建了银行，成功地开辟出一条河道来，那么钱财就会汇集更多，就可以让贸易兴旺，增加特产，让工业发达，让学问进步，改良道路，让国家整体状态获得新生。"[②]

作为日本资本主义之父的涩泽荣一常提到"合本主义"。"本"是指资

---

① 瑞穗银行是日本三大巨型银行中，唯一在47都道府县均设有分行的银行。

② 涩泽荣一著，守屋淳译：《论语与算盘》，筑摩书房2021年版，第232—233页。

本，包括钱、人、东西、智慧。资本主义的结构式是资本家生产商品，获得利益；合本主义是为了公益进行经济活动。涩泽对推动经济不可缺少的获利之欲表示肯定，"要想在社会上扩展事业，没有利益怎么也做不到吧。所以若要从事工商业，需要考虑如何获得相符的收益进行发展。……而方法就是让全社会都富起来的合本主义"。

明治政府早期用发行公债的方式来剥夺武士身份（秩禄处分），使士族里的很多华族（多为旧藩主层）把用身份换得的资本投资到各地的国立银行。而下级武士们的七分利付金禄公债，顶多相当于年收入的两倍，单靠利息无法生存。很多人或是从事不熟悉的商业，或是做一些不靠谱的投资，导致本金无回。

内务卿大久保利通为武士们设计了创业方向。他在1876年开始给民间与武士兴业贷款，即士族授产金贷款。接受贷款的武士们，在制丝与制茶等方面起到了先驱作用，而在漆器、陶艺与纺织等特产方面虽也有不少成功案例，但多半以失败告终。这多半是由武士阶层鄙视数学，不擅长预估收支，没能确保原材料渠道与销售导致的。

德鲁克曾评价说，对明治日本来说最大的难题就是适应新时代的人才转换配置。江户时代的藩虽稳定，但几乎没有流动性。如何让武士流动起来，不依靠身份世袭，而是让他们转换职业，成为实业家、学者或是官员。明治人很好地解决了这个问题。

大久保利通与涩泽荣一，虽然二者彼此并不认可，但都通过兴业来富国强民。

1877年涩泽荣一汇集华族资本，成立了国内首家保险公司——东京海上保险公司。政府没有允许三菱进入海上保险领域。但涩泽想到三

图7-5　国立第一银行创立5年后成立盛冈支店——旧盛冈银行，
由辰野金吾与葛西万司设计

（资料来源　笔者摄）

菱商会^①将是最大的客户，便邀请三菱出资。这一决策最终换来三菱出资1/3的巨额资金支持，提高东京海上保险公司的信用，汇集了更多的出资者。

同时，涩泽荣一扮演着单体实业的助产士角色。1878年(明治十一年) 11月，涩泽荣一成为作为东京商工会议所前身的东京商法会议所的第一代会长。同年8月，作为明治代表企业家之一的五代友厚与大阪商人们一道在高丽桥附近成立了大阪商法会议所。

① 1874年，江藤新平发起佐贺之乱，政府需要运送援军，但日本国邮政蒸汽船公司并不积极配合，于是大久保利通征用了三菱。三菱逐渐成为日本最大的海运公司。

图7-6　涩泽荣一的雕像，根据他43岁时的照片制作

（资料来源　笔者摄于东京商工会议所）

更早辞官为商的萨摩藩士五代友厚，幕末时在英国商人托马斯·哥拉巴的帮助下赴英留学。他很早就认识到贸易富国的重要性，从英国为萨摩藩选购织机，由此促进了萨摩藩近代化的进程。他与哥拉巴合资兴建的长崎小菅修船厂，也成为明治日本工业革命遗产构成的一部分。1869年（明治二年）辞官为民后，他又为明治日本的货币、近代产业与商业，特别是当时商都大阪的商工业奠定了基础。

东京证券交易所开业的同一年，五代等人也在大阪成立了大阪证券交易所。

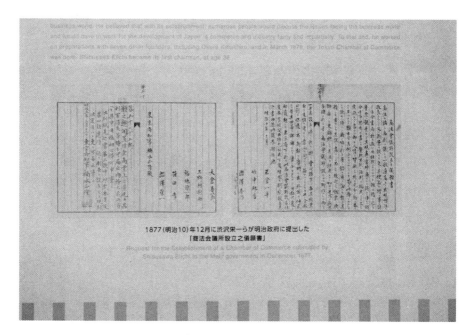

图7-7 1877年，涩泽荣一等人向明治政府提出的设立商法会议所的意愿书

（资料来源 笔者摄于东京商工会内涩泽纪念馆）

（二）涩泽如何挖掘培养经营者人才

1880年(明治十三年)，西南战争后，外国产的物美价廉的棉线与棉布涌入日本。明治政府虽然建立了官营模范工厂，但日本市场依旧面临着被海外产品占领的局面。在国内事业受到冲击的情形下，涩泽荣一与大阪财界的藤田传三郎、松本重太郎商定创立国内大型纺织厂。这一计划虽然获得了华族的委托资金与大阪财界的支持，但也面临寻找经营纺织厂的国内人才这一难题。涩泽认为引进国外技术时，要考虑到日本的实情，找到合适的人才。当时就职于第一国立银行的津田束向他推荐了山边丈夫。

山边认为光是书本学习还远远不够，他亲自前往工业城市曼彻斯特，试图增加实践经验，并在曼彻斯特近郊的布莱克本纺织工厂工作了8个月。在此期间，他还把纺织专用英语挨个译成日文，掌握了制造棉线的过程，学习了棉花采购与营销的方法。

纺织厂创业事务所设立在第一国立银行里。山边丈夫与涩泽荣一两人选厂址时，获得了大阪财界的藤田传三郎和松本重太郎的支持，选在临海的交通要道大阪三轩家。

明治二十年代，日本的棉线生产总量已经超过海外进口总量，并逐渐成为重要的出口项目。

大阪纺织在1893年遭到大火；1897年因不景气，公司业绩恶化，山边被要求辞职。他受到涩泽的激励，坚持了下去；1898年，山边成为董事长；1914年，大阪纺织收购了三重纺织，成立东洋纺，山边就任第1任董事长。

德鲁克曾指出，明治日本引进的是西洋的技术，活用的是江户时的人才遗产。涩泽在活用、培养人才时，也将《论语》里的"子曰，可与共学，未可与适道。可与适道，未可与立。可与立，未可与谋"一句运用于实践，助力山边等人才前行。安冈在其《活学论语》里把"谋"字解释为应对变化、共学、同路、同在，但最难的就是共同应对世间的千变万化。涩泽后来为山边的纪念碑题字时，用了"古武士"一词。

静冈县立大学经营信息系的落合康裕教授在《涩泽荣一的经营者教育》一书中，分析了涩泽荣一培养经营者时的特点。第一是改革经营者所处的环境。在涩泽荣一作为发起人或担任董事的企业中，有很多涉及金融、能源、运输铁路、重化工等完备近代日本社会基础的行业。并且前述的东京商法会议所、东京证券交易所等也为企业活动提供了良好的环境，培养了企业关照人。第二是涩泽荣一通过出资等方式和企业家携手进行经营活动。涩泽荣一、大仓喜八郎、浅野总一郎、古河市兵卫、森村市左卫门等一起创立了诸多企业，如东京电灯、大阪纺织、帝国饭店等。第三是把山边丈夫、大川平三郎等专业经营者培养为企业家。作为出资者，涩泽荣一把实体经营委托给受雇经营者并给予他们支持，同时保持一定距离，从客观立场来对其进行牵制与规范。

涩泽荣一看人之准，主要体现在家业继承上。当发现长子笃二不适合继承家业、将其废嫡后，涩泽低姿态地恳求笃二的长子敬三为继承人。而敬三这位后来的日本银行总裁与大藏大臣，当时只有19岁，正对生物学着迷，梦想成为动物学者。被祖父恳求后，他到各个亲戚家寻求理解，表明自己并不想进银行，但未获得任何声援。在经历了留英、关东大地震、经济大萧条后，除了家业，涩泽敬三更在重建二战后日本经济时发挥了极其重要的作用。

晚年的涩泽荣一，即使在前来拜访的人没有预约或没有介绍信的情况下，依旧会亲自接见，因为他认为日本还弱小，需要各种人才与新点子。他鼓励年轻人，要想实现志向，就得有拿起筷子行动的气概。当遇到时代变革的逆境时，重要的是认识到自己的"天命"是什么，职责是什么。"从自己应该做的工作中发现强烈的兴趣与爱好，怎么也是能达成什么的。"一个人的志向越高越难达成，但是努力的过程才是有价值的。一个比成功的结果更大的志向，能让自己更加自由。

（三）中途放行高峰让吉追求世界科学家之路

1886年，涩泽荣一作为委员长的东京人造肥料公司创业委员会在国立第一银行召开会议，央定高峰让吉负责技术。

科学家高峰让吉，早在1884年出席美国新奥尔良的万国工业博览会时，就开始关注磷矿石与人造肥料。回国后，他去调查神户酿酒产业之时与涩泽偶遇。他向涩泽热情地讲解了制造人造肥料的重要性，其专业知识与欧美国家的实例打动了涩泽。涩泽回去后就找到益田孝、大仓喜八郎、浅野总一郎商量一起办公司的事。

高峰让吉在肥料工厂旁设立了研究室，坚持曲子的酒精发酵实验。可是当肥料公司开始盈利时，也就是1890年，高峰接到了美国酿酒公司的聘书，央定赴美。涩泽谴责他缺乏信义，不负责任。直到1902年（明治三十五年），62岁的涩泽与夫人去欧美国家旅行。当时，在美国的高峰让吉带他参观了自己处于顶峰的研究（高峰发现了高峰淀粉酶及肾上腺素），终于获得涩泽的谅解。

"放行博士赴美看来是对的，幸好没有留在化肥厂。"

高峰1913年回国时倡议募捐1000万日元，设立国民科学研究所（后来的理化学研究所），为更多的日本优秀年轻人提供研究机会与研究经费，此构想获得涩泽荣一的支持。东京人造肥料公司后来成为日本规模最大的肥料公司。

第八章
史上罕见的"财政通"首相松方正义和"松方财政"

2022年7月8日，日本前首相安倍晋三在奈良街头演讲时遭遇枪击身亡。安倍担任过日本第90、96、97、98任共4届首相，是日本历史上在任时间最长的首相，其间推行的财经政策被称为"安倍经济学"。鉴于安倍为日本作出的特殊贡献，日本政府在各方争议中仍坚持在2022年9月27日为安倍举行了国葬。

和安倍相似，在明治时期，也有一位著名人物——松方正义死后享受了国葬待遇。松方正义任职大藏省期间推行的一系列财政金融政策被称为"松方财政"，为明治政府的殖产兴业提供了强有力的经济和财政保障，在日本经济史和财政金融史上留下了浓墨重彩的一笔。

1881年日本内阁制度建立，首届首相伊藤博文任命松方正义为日本第1位大藏大臣，即财政大臣。此外，松方还担任过两届首相、多任财政大臣，带领明治时期的日本走出财政经济危机，建立近代财政金融体制；设立日本自己的央行——日本银行，确立以日本银行为核心的近代银行制和金本位制。即便步入晚年，松方作为明治时期著名的政治元老，仍具有很大的政治影响力。虽年事已高，仍代表政府出访欧美俄，会见各国领导人和各色银行家、社会名流；作为内大臣辅佐天皇；担任日本红十字会会长。松方正义可谓是日本历史上罕见的"财政通"和政治元老，一生被授勋无数。鉴于松方的杰出贡献，在他去世时日本政府为他举行了国葬。

下面，我们就来全面了解一下这位明治时期的名人，以及他推行的"松方财政"。

一、松方正义其人

松方正义（1835—1924年），日本第4任和第6任首相，即内阁总理大臣。明治时期著名政治家和财政改革家。从他担任大藏卿算起，松方正义占据日本财政中心位置长达22年之久。曾担任内阁财政大臣，并两次亲自组阁，担任首相兼财政大臣。松方长期主政日本财政，是明治时期财经政策的主要制定者，为近代日本资本主义经济的形成和发展作出了特殊的贡献。

（一）生平简介

表8-1 松方正义生平信息一览表

出生年月	1835年3月23日
出生地	鹿儿岛荒田村（现鹿儿岛县鹿儿岛市下荒田）
死殁年月	1924年7月2日

续表

死殁地	日本东京
所属政党	无所属政党
荣誉称号	大勋位菊花章颈饰、菊花大绶章；勋一等旭日桐花大绶章、旭日大绶章；公爵；牛津大学名誉博士
配偶	松方满佐子
子女	松方岩、松方正作、松方幸次郎等15男7女，其中4男1女为夫人松方满佐子所生

（资料来源 维基百科，https://ja.m.wikipedia.org/wiki。）

松方正义，1835年3月23日（天保六年二月二十五日）出生在鹿儿岛。13岁时父母双亡，之后进入武士子弟学校"造士馆"，成为一名萨摩武士。16岁就在江户幕府收缴贡租的机构工作。之后，获得拜谒藩主的机会，其勤奋努力受到藩主赏识，并深得当时萨摩藩实权人物岛津久光的信赖。29岁就开始参与藩内重要事务，曾多次前往长崎处理向美国购买军舰等事务。

明治维新之后，松方正义在明治政府担任长崎裁判所参议，后转任日田县（现在的大分县全域和福冈县东部）知事，是日田县第1任知事。其间建造了别府港，为现在的温泉城市别府打下了良好的发展基础。

担任日田县知事，是松方正义在明治政府仕途的开端。松方在日田县发现大量假钞的流通，并查明假钞是当时福冈藩的武士所为。此举引起了内务大臣、"维新三杰"之一的大政治家大久保利通的注意，松方从此步入政府高层。大久保利通推举松方正义进入政府内的民部省，负责租税方面的事务。后任职主管财政的大藏省，协助大久保利通进行地租改革以确保财政收入。

松方入职民部省和大藏省后，逐渐成长为政府内的"财政通"。1873年，松方联手大久保利通进行地租改革。承认农民对土地的所有权，发给土地所有者地券；以地价的3%作为地租缴纳。①此次地租改革客观上承认了土地私有化，土地成为商品，同时确定了现代租税制度，使日本向资本主义又迈进了一步。松方也因此被称为"日本近代租税之父"。

之后，因财政政策理念，尤其是在纸币增发问题上，和当时的大藏大臣大隈重信意见不合，松方便离开了大藏省。

1877年（明治十年），离开大藏省的松方直接去了欧洲考察。在巴黎，他遇到了法国著名经济学家让·巴蒂斯特·萨伊（Jean-Baptiste Say），萨伊建议，日本应该自己建立独立发行货币的中央银行，并采用金本位制。可以说，之后的松方金融财政政策深受萨伊的影响。通过萨伊，松方还结识了当时法国有名的银行家和贵族，打开了眼界。

1878年，巴黎举行万国博览会。正在巴黎考察的松方接替被暗杀的大久保利通，担任了日本代表团的总裁。

从欧洲回到日本后，松方向明治政府提出包括建立"日本帝国中央银行"在内的一系列财政政策提案，重新进入大藏省，被任命为财政大臣，从此开启了财政家松方正义的时代。

（二）财政大臣时期

松方正义曾任多年财政大臣。松方在明治政府三次主政财政：1881年10月—1885年12月任大藏卿，任职约4年；1885年12月—1892年8月任大藏大臣，任职约7年；1895年3月—1895年8月任大藏大臣，任职约5个月。

松方三次主政财政，在此期间，他彻底解决了困扰政府已久的纸币混乱问题，统一了币制，开始打造日本近代金融财政体系。1881年

---

① 乡土伟人研究会：《资本主义之父》第六回，https://dhbr.diamond.jp/articles/-/1438?page=2。

10月松方正义继任大藏卿，改变大隈重信时期的积极财政政策，开始实施财政紧缩政策。在他的主导下，滥发的纸币得以回收销毁，由日本银行发行的银行券正式开始流通；把经营不善长期赤字的政府官办企业出售处理给民间私人资本经营，为政府财政节省了大量开支，同时为财政带来了巨额收入；设立了作为日本央行的日本银行，同时确立了金本位制。通过一系列财政革新，大大改善了明治政府的财政收支状况。现在日本采用的4月至次年3月的会计年度，就是松方在1884年决定的。

（三）内阁总理大臣时期

松方正义担任过两任内阁总理大臣。1891年5月—1892年8月为第4任内阁总理大臣，即第一次松方内阁；1896年9月—1898年1月为第6任内阁总理大臣，史称第二次松方内阁。

1891年，第3任首相山县有朋倒台，松方接受明治天皇的任命担任首相。因在财政方面拥有无人可取代的地位，松方同时兼任大藏大臣。

松方组阁后，内阁内部一直有意见分歧，议会运作方面也不顺利。1892年的选举中，松方内阁因不满在野党在预算问题上和政府产生分歧，认为在野党对政府法案的通过设置障碍，就对选举进行大规模干涉，引起各方面的不满，直接导致第一次松方内阁垮台。

中日甲午战争后，伊藤博文内阁倒台，松方接任首相。1896年9月，松方再次组阁。此次组阁邀请大隈重信入阁担任外相，因此也被称为"松隈内阁"。第二次松方内阁成立之初，主张治理行政、整顿财政、尊重民权；首相在任期间最终确立金本位制。但内部一直存在党派不合、各党派职位分派不均等问题，最后大隈重信也向松方提出辞呈，离开内阁。松方内阁得不到重要党派的支持，也没有可以合作的有力党派；在议会内没有支持者，内阁内部也缺乏团结。这些原因直接导致了第二次松方内阁的失败。

松方作为"财政通"，在金融财政政策方面运筹帷幄。但在政权运营方面，作为政治家的松方正义没有那么得心应手，其政绩毁誉参半，被认为政治手段不甚高明。松方两次组阁，却两次都迫不得已辞职解散议会。即便两次组阁任职时间都不长，但也在历史上留下了自己的足迹。

（四）晚年

晚年的松方作为明治政府的政治元老，通过元老会议参与政治。1902年，松方出访美国和欧洲。在美国，他受到罗斯福总统的接见，并会见"美国钢铁大王"安德鲁·卡内基；他在英国受到爱德华七世接见，出席英国银行家协会主办的晚餐会，与当时的政界金融界权威人士交流，并被牛津大学授予法学名誉博士称号；在德国他会见了德意志最后一位皇帝威廉二世；他甚至还去俄国见了末代沙皇尼古拉二世。松方的一系列出访提高了日本在世界舞台的地位。

1902年12月，松方被任命为日本红十字会会长。

1917年5月—1922年9月，松方担任内大臣直接辅弼天皇。

1924年7月，松方病逝于东京，享年89岁。政府在松方居住的宅邸为他举行国葬，后葬于东京青山陵园。

松方正义的一生可谓波澜壮阔，历经无数。萨摩武士出身的他，被多次授勋：大勋位菊花章颈饰、菊花大绶章；勋一等旭日桐花大绶章、旭日大绶章；公爵；牛津大学名誉博士。作为日本经济财政史上首屈一指的财政家，他给日本留下的最宝贵的财富，莫过于史称"松方财政"的一系列财政经济政策，使日本掀起了产业革命的热潮。

二、"松方财政"

严格地说，史称的"松方财政"并不是指松方在政府内任职期间实施的所有财政金融政策，而主要是指松方第一次担任大藏卿和大藏大臣这一段特殊时期。"松方财政"的出台有其特殊的历史背景。

松方正义第一次进入大藏省，是在当时的大藏卿大隈重信手下任职。明治政府成立之初，内患重重，不得已耗费巨资长期征战，而明治政府殖产兴业也需要雄厚的财政支撑。然而此时的政府财政近乎空虚。明治政府为维持运转，不得已发行大量纸币，结果导致了大规模的通货膨胀和严重的经济危机。

当时作为大隈重信下属的松方，对于危机的解决有自己的想法。但因和大隈的主张相左，这一时期的松方完全没有机会实现自己财政方面的抱负。

直到1881年10月，松方被任命为大藏卿，作为"财政通"的松方终于可以在财政金融领域大展拳脚，实施财政紧缩政策，大刀阔斧进行改革。从松方开始着手处理明治初期以来币制紊乱问题及通货膨胀危机，直至1886年初日本银行券成为流通全国的可兑换纸币，这一时期松方实行的一系列财政金融政策，被称为"松方财政"。松方的改革使得明治政府摆脱了长久以来的财政危机，得以殖产兴业，实现产业多样化，为日本近代资本主义发展奠定了坚实的基础。

松方是如何从协助大隈重信的官员成为主政大藏省的大藏卿的呢？当时的社会背景又是怎样的呢？下面先讲述"松方财政"的实施背景和改革目标。

（一）实施背景及改革目标

19世纪后半叶，日本社会政治发生巨变。1866年，萨摩藩和长州藩结成萨长联盟，在鸟羽·伏见战役中战胜幕府军；1867年11月，末代将军德川庆喜辞去征夷大将军的职务，被迫把大政"奉还"给明治天皇；1868年1月，倒幕派发动政变，明治天皇颁布《王政复古大号令》，宣布废除江户幕府，政权归还朝廷。从此江户幕藩体制崩溃。1868年，幕府军和维新政府军开始了长达16个月的内战，史称"戊辰战争"。1869年5月，幕府军最后的据点被攻陷，内战结束。至此，日本开始形成中央集权的统一国家，正式迈入资本主义社会。

明治政府采取一系列维新政策。实施"废藩置县"，结束了日本长期以来的封建割据局面，为建立中央集权国家和发展资本主义经济奠定了基础。此后，明治政府还实行了富国强兵、殖产兴业和文明开化三大政策。改革军警制度，创办军火工业；实行征兵制，建立新式军队和警察制度；引进西方先进技术、设备和管理，大力扶植资本主义；学习西方文明，发展现代教育，提高国民知识水平，培养人才。

明治政府通过一系列新政，试图建立一个能同西方并驾齐驱的国家。但是明治维新剥夺了封建武士阶层的特权，中上级武士因由政府赎买其土地而转化为新的寄生阶级，下级武士却只能破产，社会阶级矛盾激化。1877年，西南鹿儿岛士族在西乡隆盛的领导下发生叛乱，史称"西南战争"，它是1868年戊辰战争的余波，后为政府军镇压。

因此可以说，明治政府自成立后，一直处于征战状态。从1868年的戊辰战争，到1877年的西南战争，内战消耗了国库，政府财政早已入不敷出。为了筹措军费，不得已发行了大量纸币，导致战后出现大规模的通货膨胀（具体请参看"整顿纸币""设立日本银行"等部分内容）。同时，建立新式军警制度、引进西方技术等各项维新政策的实施也需要巨大的财政开支。明治政府在迈入现代资本主义的道路上遭遇了前所未有的财政困难。尤其是日渐加剧的通货膨胀，使得国家经济陷入危机。如何摆脱财政经济危机快速发展经济，成了政府的头号难题。

　　当时担任大藏卿主管财政的大隈重信认为，通货膨胀的原因并不在于纸币超发，纸币的发行数量基本符合实际的经济状态，通胀的原因在于作为本币的银币严重不足。因此，大隈重信的财政政策趋向于维持积极财政，主张通过发行外债得到银币，再把银币投入流通市场，收回纸币，稳定货币流通市场。而当时作为大隈重信直接下属的松方正义则认为，通货膨胀的根本原因就是当时政府为填补戊辰战争和西南战争的军费亏空而进行的纸币滥发，唯一的解决办法是回收超发的纸币。和大隈重信相反，松方主张财政紧缩政策，并认为举借外债会使日本受制于外国势力，失去独立性，为将来的发展带来极大的障碍，阻碍日本近代化进程的顺利进行。因此松方坚决反对通过借外债来解决当时的财政困难，强烈要求通过日本自身的力量来摆脱困境。①松方的这些意见和建议，从根本上否定了大隈的各项财政政策，引起了大隈重信的极度不满。松方只好暂时离开大藏省。

　　然而不久就峰回路转，发生了史称"明治十四年政变"的事件。随着史称"明治三杰"的木户孝允、西乡隆盛和大久保利通先后去世，政

---

① 松方正义：《纸币整理概要》，大藏省印刷局1957年版，第107—154页。

界最有实力的人物当属伊藤博文和大隈重信两人。1881年（明治十四年），伊藤博文秘密联合政府中的萨摩、长州系官僚及皇室公卿，发动政变，迫使大隈重信下台。就这样，伊藤博文扫除了政治上的强硬对手大隈重信，成为政界的头号人物。

1881年10月，大隈重信下台。在伊藤博文的邀请下，松方重返大藏省，担任第6任大藏卿。从此，开启了以财政紧缩政策为特征的"松方财政"时代。

由此可见，松方正义开始主政财政后采取的一系列措施，其最初目标就是为了解决内战等各种原因引起的通货膨胀，充实国库，筹措维新新政所需的各项资金，从而摆脱财政危机，走出困境，大步迈入资本主义强国行列。

（二）政策措施

"松方财政"的具体举措主要有：整顿纸币、处理官营企业、设立日本银行。

1.整顿纸币

"松方财政"的本质是财政紧缩政策。通过增加财政收入和减少财政支出，实现财政结余。其中最重要的一项内容就是整顿纸币。

明治政府成立后，虽有意构建近代资本主义财政金融体系，财政方面却一直处于通货膨胀严重、入不敷出的困境，无法保证各项社会改革的顺利进行。当时政府采用的应对政策，主要通过发行纸币和公债来筹集资金，曾大量发行"太政官札"填补财政赤字。同时在市场上流通的还有江户幕府末期各藩发行的各种藩币，造成货币市场极其混乱。而且因纸币制造粗略，极易被仿制成假币混入流通市场。松方在任日田县知事时就破获过假币案。

明治初期开始的纸币滥发不仅造成国内流通货币陷入严重的混乱状态，还引起通货膨胀和财政困难，同时也影响到正常的经济活动。1881年松方正义就任大藏卿后，改变了大隈重信时期的积极财政政策，转而实行财政紧缩政策，开始着手解决自明治政府成立以来的财政困难。

松方财政改革的核心在于整顿纸币。松方认为日本经济出现危机，财政陷入困难的根本原因在于滥发纸币。物质生产滞后，增发纸币过多必然会造成货币和供给出现不均衡，从而使纸币贬值，物价上涨，通货膨胀严重激化，阻碍殖产兴业。因此当务之急，在于排除一切干扰整顿纸币，整顿货币发行。随着纸币流通拨乱反正，国家的财政经济状况自然会发生好的转变。1881年松方就任政府的第6任大藏卿后便立即着手开展以纸币整顿为核心的财政改革。

整顿纸币的主要工作重点是如何减少市面上纸币的流通量，使散落在各地和个人的纸币回到政府财政。为此，需要增收减支。增加国家财政收入，特别是增加金币银币等硬通货的积累；同时节约政府开支，改革货币制度和信用制度。为了注销增发滥发的纸币，松方首先压缩政府的财政开支，努力实现财政结余。为此，松方提出，将1882年至1884年的政府开支固定下来，不允许临时增加多余开支；储备足够的等值货币；动用政府准备金，控制黄金外流；鼓励和发展押汇业务进行国际贸易结算，多积累硬通货，用以销毁劣币；同时增加财政收入，用财政收入的余额来回收纸币。

松方坚持通过整顿国内财政来稳定通货制度，从而保证国内正常的货币流通。经过对国家财政收入和储备情况的详细调查，松方决定每年从政府的财政收入中拿出一部分用于整顿纸币，同时投入财政准备金用于回收纸币。

由此可见，松方整顿纸币的核心思想是：增收减支，加强国家准备金和硬通货的储备，注销多余纸币。

由于国家准备金是否充足关系到纸币能否顺利注销，因此准备金的积累成为整顿纸币的关键所在。松方初上任时，财政没有足够的金银储备，国内金银量又短缺，因此如何获得硬通货储备成为最大的难题。

为解决这一困难，1881年11月松方提出《运用准备金增殖正货的建议》，指出要通过进出口贸易，开展押汇结算业务，从海外吸收正货（等值货币）到日本国内。具体操作上，可以将国家准备金提供给横滨正金银行作为出口押汇资金，而将其在国外获得的外汇返还日本国内以增加正货储备。因此，明治政府鼓励同外商订立押汇业务合同，同时在日本产品的主要出口地伦敦、纽约、里昂等建立领事馆，以监督押汇业务。松方肯定了横滨正金银行实行的海外押汇制度在吸收正货和硬通货、增加国内准备金方面所起的重要作用，并于1882年2月修改外国押汇办理章程，加强押汇资金的管理。通过以上鼓励措施的实行，要求签订押汇业务合同的外商陆续增加，日本从中吸取大量的等值货币，增加了外汇储备。此外，日本还通过购买黄金等硬通货和出口粮食等振兴出口的方式来换取外汇。直至1885年末，日本通过海外押汇业务和其他手段换取的等值货币共达1亿603万日元，除去支付外债利息和购买军舰、政府所必需的海外经费等支出外，仍有4226万日元（约政府纸币流通额的一半）的等值货币（正货）转入准备金。[1]

为进一步增加财政收入，除了通过国际贸易增加准备金外，松方还提议政府新设税目并提高征税率。新增各种印花税和消费税，如米谷交易

---

[1] 朱少雅：《松方财政改革探析》，复旦大学2009年硕士学位论文。

所及股票交易所经纪税；提高酿酒税和烟草税的税率，同时调高地方税和各种人头税。通过以上措施，从1881年到1885年凭借年度收入结余加收纸币或者转入准备金的金额累计超过4000万日元。其中1/3用于纸币注销，其余转入国家准备金。具体如表8-2所示。

表8-2 纸币回收金额及转入准备金额一览表

（单位：万日元）

年份	纸币回收额	转入准备金额	合计
1881年	700	383.3	1083.3
1882年	330	522.8	852.8
1883年	334	500	834
1884年	—	700.7	700.7
1885年	—	540	540
合计	1364	2646.7	4010.7

（资料来源 大藏省明治财政史编纂会：《明治财政史》第十二卷，吉川弘文馆1971年版，第243页）

就这样，松方通过增加外汇储备和增税，使得财政扭亏为盈，盈余用于注销以前为填补财政赤字而发行的纸币。经过纸币整顿措施，纸币大幅升值，至1884年7月硬通货银币与纸币的差额仅4钱7厘。国家准备金的硬通货储备也大幅增长。至1885年12月，日本国内物价趋向稳定，1886年初由日本银行发行的银行券正式开始流通，"松方财政"的核心任务整顿纸币工作圆满地画上了句号。

综上所述，西南战争后日本出现了严重的通货膨胀，经济陷入困境。自明治初期以来持续存在的币制紊乱状态严重地影响了正常的经济活动，纸币贬值、物价上涨，投机风潮蔓延、实业生产停滞，诸多不利因素严重地阻碍了新兴资本主义的发展。"松方财政"通过实行一系列的紧缩财政措施，增收减支，注销增发的纸币，提升纸币的价值。增加外汇储备，提高税收，积累正货硬通货储备；同时严格限制中央及地方政府的各项开支，实行紧缩财政开支的政策。通过增收减支的一系列举措，从根本上解决货币滥发问题，结束纸币和流通市场的紊乱状态，彻底走出通货膨胀危机，为日本迎来资本主义发展的第一次产业革命热潮作好了准备。

2.处理官营企业

松方在整顿纸币的过程中，增加了国家的外汇储备和税收收入，实现了财政增收。为进一步缓解财政压力，松方极力主张将之前由国家直接经营的官营企业，通过廉价出售等方式完全转让给民间私人资本经营。

明治时期官营企业的产生有其历史原因。1868年明治新政府成立，进行了一系列近代化改革。推行殖产兴业，学习欧美技术，掀起工业化浪潮；提倡文明开化、社会生活欧洲化，大力发展教育等。这次改革使日本成为亚洲第一个走上工业化道路的国家，开始跻身于世界强国之列，是日本近代化的开端。

而政府的官办企业（国营企业），正是早期殖产兴业政策的产物。明治政府成立之初，试图运用国家政权的力量来殖产兴业，以各种政策为杠杆，动用国库资金来加速资本原始积累，按照西方的样板，大力扶植日本资本主义成长。

1870年，明治政府设立工部省，下设铁道、造船、矿山、制铁、电信等10余个部门，有序推进殖产兴业。1872年，国营铁路和船舶业开始发展，国内交通网络粗具规模。采矿等事业也逐步发展，并出现了一批官办工厂。八幡制铁所、造币局、富冈制丝厂被称为当时日本的三大模范官营工厂。

1873年，统辖官营企业的内务省成立，内务省的第1任内务卿，就是向明治政府提出《有关殖产兴业的建议书》的大久保利通。

可见，明治政府为贯彻执行殖产兴业方针，扶植资本主义成长，大力创办各种官营企业，由工部省和内务省负责具体推进，国家带头实现资本主义工业化。

然而，西南战争后，通货膨胀加剧，政府财政亏空，国库空虚，再也无力维持和兴办各种官营企业。

陷入严重经济危机的政府财政只能靠增发纸币和公债维持。除了落实新政所需的各种巨额款项外，政府的各项行政开支、兴办官营企业和开发北海道等各项事业都需要花费巨额的资金。尤其是官营企业，像个巨大的黑洞，每年都吞噬无数政府财政资金。政府出钱兴办的企业，各项开支也由政府财政支出。但很多企业却因经营不善，非但不能给国家上缴利税，反而为维持经营还需要政府的额外财政补贴。长崎造船所、兵库造船局、品川火药、赤羽和深川工作局等官办企业，厂房建筑、机器设备均由政府投入，而购买原材料费用、职工工资等各项费用竟然还需要从大藏省领取补贴。显然，这些官办企业白白耗费巨额政府预算，没有给财政作出任何贡献。可以说，官办企业已经成为本来就陷入财政困难的政府的沉重负担。因此，为减轻财政压力，明治政府决定改变以发展官营企业为中心的殖产兴业政策。

在这样的背景下，松方提出，政府自己投资兴办各种产业，反而会挫伤民间的积极性。官办企业应该放给民间，政府可以扶植和保护民间资本家经营。在民间资本主义发展的条件日渐成熟之际，将纺织、机械造船、陶瓷工业部门等处理给民间，减轻政府负担。1880年，明治政府颁布《工厂出售概则》，宣布除军事、造币、通信等国家重要部门，官营工厂可以处理出售给民间资本。[①]

---

① 《官营模范工厂·工厂出售概则》，维基百科，https：//ja.m.wikipedia.org/wiki。

大隈重信下台后，松方继任大藏卿，进一步加强对官办企业的处置。1884年7月明治政府决定处理矿山；1884年10月，政府进一步放开可出售对象。此后官营企业均按极低的价格和无息长期或分期支付的办法出售。至1885年年底，明治政府撤销1870年为推进官办事业而设立的工部省，标志着对官营企业的处理基本结束。[①]

"松方财政"下的对官办企业的彻底处置，极大地缓解了明治政府的财政压力。节省巨额财政支出的同时也带来了大量的财政收入，为实现政府财政结余创造了良好的条件。表8-3是当时官营工厂处理出售的具体情况。

表8-3 官营工厂处理情况一览表

开设时间	工厂名	处理时间	买入者	出售价格（日元）
1882年	高岛炭矿	1874年	后藤象二郎	55000
	广岛纺织所	1882年	广岛绵系纺织	12570
	油户炭矿	1874年	（不明）	27943
	中小坂铁山	1874年	坂本弥八	28575
	摄绵笃制造所	1874年	浅野总一郎	61741
	深川白炼化石	1874年	西村胜三	12121
	小坂银山	1874年	久原庄三郎	273659
	梨本村不熔白炼化石制造所	1874年	稻叶来藏	101
1873年	深川セメント制造所	1884年	浅野总一郎 西村胜二	61742
	院内银山	1884年	古河市兵卫	108977
	阿仁铜山	1885年	古河市兵卫	337766
	品川硝子	1885年	西村胜三	79950
	大葛矿山	1885年	阿部潜	117142
	开拓使麦酒酿造所	1886年	大仓喜八郎	27672
1881年	爱知纺织所	1886年	篠田直方	（不明）

---

① 朱少雅：《松方财政改革探析》，复旦大学2009年硕士学位论文。

续表

开设时间	工厂名	处理时间	买入者	出售价格（日元）
1877年	新町纺织所	1887年	三井财阀	141000
	长崎造船所	1887年	三菱财阀	459000
	兵库造船局	1887年	川崎正藏	188029
1879年	千住制绒所	1887年	陆军省	一
	釜石铁山	1888年	田中长兵卫	12600
	三池炭矿	1888年	佐佐木八郎	459439
	三田农具制作所	1888年	子安峻	33795
	播州葡萄园	1888年	前田正名	5377
	幌内炭矿·铁道	1889年	北海道炭矿铁道	352318
	纹鳖制糖所	1890年	伊达邦成	994
1872年	富冈制丝厂	1893年	三井财阀	121460
	佐渡银山·生野银山	1896年	三菱财阀	256926

（资料来源　《官营模范工厂出售事例》，维基百科，https://ja.m.wikipedia.org/wiki）

　　从表8-3可以看出，这些官营工厂是明治政府花了国库的真金白银建设的，多为矿山、冶金、造船、纺织，也有酿酒和制糖等。明治政府从1874年开始处理官营工厂，松方1881年担任大藏卿后，处理速度明显加快。可以说，松方在任时期，无论是担任财政大臣还是担任首相两次组阁时期，都把处理官营工厂作为增收减支的一个重要途径。这也符合当时的社会情况，民间资本已经发展起来，国家应该扶持和保护民间资本家，而不是国家亲自下场兴办企业。从购买者来看，经过纸币整顿，民间资本发展良好，出现了一批资本家和财阀。1887年，三井财阀以141000日元购买新町纺织所；三菱财阀花费459000日元购入长崎造船所。1893年，著名的官营模范工厂富冈制丝厂由三井财阀以121460日元购得；1896年，三菱财阀又以2560926日元入手了佐渡金山、生野银山。虽然现在看来出售金额不多，但是在当时很多企业本身就处于亏损状态，还要政府出钱出力维持。把这些企业处理给民间可以使其更好地经营下去，政府也可以省下一大笔维持工厂运转的开支。

另外，政府以便宜的价格把工厂出售给三井、三菱等民间资本，在此过程中政府和这些大资本家产生了各种密切的政商关系，这些民间资本成长为大财阀的同时，也成了可以从政府获得特权利益的政商和特权商人。

3.设立日本银行

"松方财政"的另一杰出贡献就是设立了日本自己的中央银行——日本银行。日本银行成立于1882年10月10日，是松方正义担任第6任大藏卿期间成立的。

松方是推动日本银行成立的核心人物。但作为央行的日本银行的诞生，有其独特的历史背景。其成立初衷是为了整顿纸币滥发，由它来发行纸币现钞并进行管理。

明治政府在成立之初就面临币制紊乱问题。当时市面上流通的货币有幕藩时代通用的金银货币和藩币。新政府为解决因连年征战产生的财政亏空，又另外发行了太政官纸币和民部省纸币。此外，民间的一些汇兑公司也发行纸币。因此，各种货币之间的交换比率十分复杂，造成流通不畅、交易不便。而伪造的金币、假的纸币仍在市面上横行，货币流通极度混乱。明治新政府需要建立一个稳定统一的货币体系，为殖产兴业提供保障，同时体现维新政府的权威和建设资本主义工业化强国的决心。

下面通过《新货币条例》、《国立银行条例》和《日本银行条例》等几个主要条例的颁布和修订，梳理出日本银行成立的背景和过程。

（1）《新货币条例》及"圆（円）"的确立

经过一年多的酝酿与筹备之后，1871年5月10日，明治新政府制定《新货币条例》，开启了一场意义极为重大的货币大改革，全面革新了日本的货币体系。

《新货币条例》是当时日本的货币法。该条例确立了日本货币的单位"圓（円）"，标志着日本近代货币开始形成。从此之后，日本的所有纸币，无论是政府发行的纸币，还是各大银行的银行券，都以"圓"来标记面值，日本纸币进入"圓（円）"时代。[①]

这里有个关于日文汉字"圓"和"円"的小插曲。根据《新货币条例》，新货币以"圓"命名，以"圓"为基本货币单位，"钱、厘"为辅助货币单位，1圓=100钱=1000厘。这标志着"圓"的诞生。它不是现在使用的汉字"圆"，而是繁体汉字"圓"。"圓"就是现在使用的日文汉字"円"，是现在日本货币的汉字表达，中文表述为"日元"。实际上，从1871年到1948年，日本无论是金属币还是纸币，币面上印刻的都是"圓"字，而不是"円"字；直到1948年以后，日本的货币才开始印"円"字。1988年新的货币法实施后，"円"正式取代了"圓"。[②]

《新货币条例》颁布后，明治政府用近代西洋铸造法铸造金、银、铜三种材质的金属铸币，金币为本位货币，银币和铜币均是辅助货币。其中面值"1圓"的银币，最初是明治政府专门铸造用于对外贸易的银币。

此外，政府为了统一流通的纸币，又发行了新纸币"明治通宝"。当时日本的印刷技术还不发达，就委托德国法兰克福的民间印刷工厂制造。因而，这种新纸币也被称为"日耳曼纸币"。[③]明治通宝纸币是日本首次通

① 《新货币条例》，维基百科，https://ja.m.wikipedia.org/wiki。
② 《日本货币史：日本纸币的演变与统一》，格物资本，http://baijiahao.baidu.com/s?id=1655799618439175969&wfr=spider&for=pc。
③ 《明治通宝·日耳曼纸币》，维基百科，https://ja.m.wikipedia.org/wiki。

过西洋印刷技术制造的新纸币。

（2）《国立银行条例》及国立银行的成立

1872年，政府颁布《国立银行条例》。这是明治政府为了打造近代银行制度，以美国的国家银行为原型而制定的银行条例。之后又历经几次修订，于1954年废止。①

明治初期，由于金属铸币的不足和金银币的外流，加上通货膨胀，纸币因严重贬值而不可兑现，人们对于纸币普遍产生了不信任感。这种情况严重抑制了经济的发展，也严重阻碍了新政府殖产兴业目标的实现。为了顺利推进殖产兴业，明治政府效仿当时美国的国民银行体系，于1872年11月制定了《国立银行条例》，试图构建日本的近代银行体系，以汇集民间资本，为新式企业的开办与运营提供大量资金支持，促进产业振兴。

根据《国立银行条例》，明治政府授权一些民间资本开设银行机构，并允许其发行可兑现的纸币，这些银行都用"国立银行"作为名称，其发行的纸币，统称为国立银行券；同时，国立银行券的发行额为该行的资本金的60%，且必须以资本金40%的金币作为发行储备。国立银行券是可兑换为金币的可兑现纸币，获得政府认可，可在全国通用。国立银行券出现后，和明治政府发行的明治通宝纸币并行流通。

需要注意的是，"国立银行"只是名称上使用了"国立"二字，并不是明治政府出资设立的国营银行机构，而是民间资本出资设立的银行；而且，"国立银行"是按照成立的顺序来命名的。比如，最早成立的是第一国立银行，之后是第二国立银行、第三国立银行等，以此类推。

1873年7月，第一国立银行在东京开业，这是日本历史上最早的银

① 《国立银行条例》，维基百科，https://ja.m.wikipedia.org/wiki。

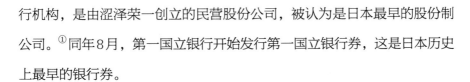

行机构，是由涩泽荣一创立的民营股份公司，被认为是日本最早的股份制公司。[①]同年8月，第一国立银行开始发行第一国立银行券，这是日本历史上最早的银行券。

明治政府允许国立银行发行国立银行券，一方面是为了弥补金属铸币的不足，让银行有更多的放贷资金，以服务于殖产兴业；另一方面也要求国立银行券有一定的金币作发行储备，可兑现为金币，希望以此来改变人们对纸币不可兑现的固化认知，增加人们对纸币的信任感和接受度。

《国立银行条例》颁布之初，准入条件高，明治政府仅批准了4家国立银行。而这4家国立银行，因受金币发行储备的要求，能发行的国立银行券数量不多，流通不畅。一些商人收到国立银行券后，立即在银行兑换成金币，使得国立银行经营困难。

（3）《国立银行条例》的修订

鉴于国立银行数量少，经营困难的状况，明治政府于1876年对《国立银行条例》进行修订，放宽成立条件。之后，日本的国立银行数量爆炸式增长，国立银行券的发行量也不断增加。到1879年时，国立银行数量达到153家，1879年底，因银行券发行量过度，政府停止批准新的国立银行。

在153家国立银行发行的各种银行券中，所有相同面值的国立银行券的票面尺寸和设计都是一样的，唯一不同的是，票面上标注的发行银行名称不同。

此次《国立银行条例》的修订，带来的负面作用就是为国立银行券的滥发打开了闸门。由于国立银行券不再能兑现为金币，各大国立银行不

---

① 《株式会社第一银行》，维基百科，https://ja.m.wikipedia.org/wiki。

顾纸币信誉，纷纷滥发。在1877年7月时，各大国立银行的银行券发行总额约为1100万日元，同年底时为1335万日元，而到1878年底时，这一数字翻了近一倍，达到2627万日元；1879年底时，增至3404万日元，又猛增77%。

然而就在条例修订不久后，1877年2月，西南战争爆发。明治政府出兵平叛，军费开支骤增。为了应付西南战争巨额的军费支出，明治政府增发了2700万日元的明治通宝纸币。在此之前，明治通宝纸币的发行总额约为9280万日元，增发了30%，并从第十五国立银行贷款了1500万日元，这意味着发行了1500万日元不可兑现的第十五国立银行券。因而，仅西南战争就导致日本社会上多出了4200万日元的不可兑现纸币。

明治通宝纸币和国立银行券的大量滥发，导致日本社会上的纸币流通量急剧大增，纸币也因此快速贬值，物价随之飙涨。到1881年4月时，纸币的市场价值跌到最低点，已经远低于其法定面值，银币和纸币不再等值兑换。当时"1日元"银币可兑换"1日元80钱（1.8日元）"明治通宝纸币，兑换比率接近1∶2。

同时，由于1877—1880年，日本对外贸易逆差的扩大，使得金银币大量外流，导致日本国内的金银币流通量持续减少，纸币飞速贬值，物价波动加剧。

面对如此混乱的状况，明治政府意识到对货币和金融市场的整顿迫在眉睫。《日本银行条例》就是在这样的背景下诞生的。

（4）《日本银行条例》及日本银行的成立

1882年6月，明治政府发布《日本银行条例》，明确了日本银行作为日本央行的地位。1882年10月，日本银行成立。该条例的颁布离不开松方正义的推动，因此松方被誉为日本中央银行的创立者。

1881年10月，松方正义就任大藏卿，主管财政。上任之初，便面对着日本国内金银外流、财政困难、纸币贬值、物价飞涨等一系列经济问题，松方通过整顿纸币和处理官营企业，以及增加新税目、提高征税率的方式来增加财政收入，实现增收减支，使得市面上的政府纸币回流到政府手中，然后将这些纸币销毁，不再投入到市面上，最终使得市面上纸币流通量减少，纸币的市场价值得以提升，一度狂飙的物价被压制住了。

通过松方的努力，1881—1885年，市面上流通的政府纸币逐渐减少，国立银行券也被收回了一部分，纸币逐步回升至了其法定价值水平。到1885年5月时银币和纸币基本是等值兑换，物价也随之下落。但是经济也因此一度陷入萧条。仅仅靠紧缩财政的方式来整顿纸币，显然只是短期应对措施，不是长久之计。

为了长久控制纸币滥发、保证纸币流通的长期稳定，松方提议，应效仿欧洲国家的银行制度，设立一家日本的中央银行，由中央银行来统一发行并管理纸币流通，并建立纸币的可兑现制度；用金属铸币作发行储备，纸币可兑现为金属铸币。

早在巴黎考察期间，松方就结识了著名经济学家萨伊和许多银行家，深知建立日本自己的中央银行的重要性。整顿纸币虽然回收了滥发的纸币，使纸币价值得以回归，从而缓解了明治初期以来的财政危机。但松方的完善财政金融制度振兴经济的目标并未完全实现，他的最终目的是要在全国建立统一完善的货币体系，并在保证币值稳定的基础上，建立相应的可使货币顺畅流通的近代金融体系。因此，松方在进行纸币整顿的同时，也开始着手建立日本近代货币制度和信用体系，以便彻底遏制通货膨胀，同时健全日本财政体制与金融体系。

1882年3月，松方提出创立中央银行。松方认为，要彻底解决财政危机，必须改革和建立新的银行制度，确立新的完善的金融体制。必须建立中央银行，构建金融体系的核心。由中央银行统一持有银行券的发行权，建立统一的全国财政。

（5）《国立银行条例》的再修订

在松方正义推动下，1882年10月，日本银行正式开业，日本自己的中央银行诞生。

紧接着，明治政府又于1883年10月再次修订了《国立银行条例》，力图改变国立银行林立的混乱局面。规定现有银行今后将全部转为无发行银行券特权的普通银行，各银行根据已发行银行券向日本银行提供资金，由日本银行统一兑换和销毁纸币。1899年2月，153家国立银行中的122家转为普通银行，其余的31家或合并或解散。[①]

日本银行的设立，剥夺了国立银行的银行券发行权。日本银行成为唯一可发行银行券的银行，成为真正的日本中央银行。

（6）《兑换银行券条例》及日本银行券的发行

1884年5月，明治政府又公布《兑换银行券条例》[②]，明确规定日本银行垄断银行券发行及银币兑换。该条例的颁布也确立了当时日本事实上的银本位制。日本银行作为国家中央银行拥有统一发行银行券的特权，根据政府的需要经办国库出纳及对各银行实行业务监督，如此便可预先控制货币发行量，使市场上流通的货币量与市场需求相适应。[③]

日本银行成立后，因时机尚未成熟，并没有立即开始发行银行券，而是做了一些准备工作：帮助明治政府一起回收流通中过剩的政府纸币和各种国立银行券；和其他各银行机构建立账户联系，为日后纸币统一作准

---

① 《国立银行》，维基百科，https://ja.m.wikipedia.org/wiki。
② 《日本银行·沿革》，维基百科，https://ja.m.wikipedia.org/wiki。
③ 湛贵成：《幕府末期明治初期日本财政政策研究》，中国社会科学出版社2005年版，第267页。

备。此外，明治政府在1881—1885年实施紧缩财政政策的过程中，也在积极储备金银币，作为日后日本银行券发行的准备金。

经过三年多的准备，1885年5月，日本银行开始正式发行新的统一纸币——日本银行券。最初的日本银行券，正式名称为"日本银行兑换银券"，其以银币为本位币、作为发行准备金，"兑换银券"的意思就是"可兑现为银币的银行券"。

日本银行的成立及国立银行体系的有效整顿，完善了近代银行信用制度。银行在日本的资本原始积累过程中所起的作用愈来愈大。由于国立银行不再自行发行货币，作为普通银行，其经营方针发生重大转变，开始吸收民间存款，同时，开展贷款业务。从1885年到1889年，各国立银行的贷款额激增了近117%。[1]银行开始在支持企业发展壮大过程中发挥重要作用。

（7）《横滨正金银行条例》

成立于1879年2月的横滨正金银行是当时专门从事对外贸易结算手续的特殊银行，在"松方财政"的纸币整顿过程中起到重大作用，并在1884年12月于伦敦开设分行。[2]

在不断完善国家中央银行体制的过程中，松方肯定了横滨正金银行区别于各大国立银行，作为特殊银行的作用。1882年10月日本银行成立后，明治政府并未将在对外贸易和吸收海外正货中作出重大贡献的横滨正金银行整顿合并。日本银行支持横滨正金银行继续处理汇兑业务。1887年颁布的《横滨正金银行条例》则进一步明确了横滨正金银行作为特殊银行的地位。大藏大臣认为必要时，可由日本银行副总裁兼任横滨正金银行

---

① 守屋典郎著，周锡卿译：《日本经济史》，三联书店1963年版，第99页。
② 《横滨正金银行·沿革》，维基百科，https://ja.m.wikipedia.org/wiki。

行长，或由横滨正金银行行长兼任日本银行理事，从而加强中央政府对横滨正金银行的实际控制。[①]

此外，松方还向政府提出建议，建立由政府控制的储蓄银行和劝业银行。虽然成立储蓄银行是为了最大限度地留存各地富余财富来活跃资金的流通，但其真实目的则在于建立由中央政府严格控制、具有全国规模的超大储蓄银行，以保证资本流通、推进殖产兴业事业等有足够的资金供给。

自中央银行——日本银行成立后，明治政府的货币政策开始由日本银行来执行。在金融市场上，银行居于主导地位，金融体制逐渐完善，银行制度的确立对金融市场的形成起到巨大作用。随着日本银行的建立、国立银行的整顿、横滨正金银行的改革，以及储蓄银行、劝业银行的建立，完整的近代金融体系在日本逐渐形成，为日本近代经济发展奠定了基础。[②]

三、"松方财政"对近代日本经济发展的贡献

"松方财政"成功地解决了一直困扰明治政府的纸币问题，彻底地整顿了混乱的货币流通，完成了币制统一。他所建立的以日本银行为核心的银行制度确立并完善了日本近代金融体系，从而保证了货币的顺畅流通以及日本近代化所必须的资金供给。"松方财政"时期，日本正处于殖产兴业由政府主导转向政府支持民间经营的重要阶段。纸币整顿和处理官营企业的成功，使明治政府摆脱了财政困境，结束了严峻的经济危机。在此过

---

① 朱少雅：《松方财政改革探析》，复旦大学 2009 年硕士学位论文。

② 杨栋梁：《日本后发型资本主义经济政策研究》，中华书局 2007 年版，第 100 页。

程中，日本逐渐确立了金本位制，在国际金融市场上获得了大量融资，为企业勃兴创造了良好的条件。

（一）《货币法》和金本位制的确立

严格地说，日本金本位制的确立并不完全源于"松方财政"，是第二次松方内阁的产物。1897年2月25日，时任内阁总理大臣兼大藏大臣的松方正义以黄金储备就绪为由，向内阁会议提交了《货币法》草案及其附属草案。1897年3月，帝国议会通过了松方正义的《货币法》，于1897年10月1日正式开始实施。[①]

《货币法》规定：金属铸币的铸造与发行权归日本政府享有；1日元=0.75克纯金，以此来确定新铸币的价值；新铸9种面值新铸币，金币银币铜币各3种；新金币为本位币，新银币和铜币为辅币。

《货币法》的颁行，标志着日本金本位制的正式确立，金币在名义和事实上都成为本位币，而银币则成为辅币。1899年后，日本银行开始发行与金币挂钩的纸币，纸币也转向了金本位。从此，日本正式成为国际金本位体系中的一员。

纵观历史，可以简单归纳如下：日本从1871年《新货币条例》开始萌生金本位制，1897年《货币法》正式确立金本位；1917年对外中断金本位，1930年重启金本位，1931年12月脱离金本位。直至1942年2月《日本银行法》颁行，日本从法律上正式废除了金本位，从此进入信用纸币时期。

以下是日本金本位制确立的主要过程。

在松方提交《货币法》之前，日本的货币法主要是1871年制定的

《新货币条例》，这是大隈重信主导的币制改革。明治政府以法律的形式，明确规定"1日元=1.5克纯金"，将日元与黄金挂钩，试图确立以金为本位的货币制度。虽然在法律名义上确立了金本位，但1871—1897年，日本事实上实行的是金银复本位。其原因在于，当时日本的黄金储量不足，新式金币铸造量较少，而且因日本一直以来的贸易逆差，以及国际银价的持续下跌，导致日本金币大量外流，国内流通的金币数量越来越少；另外，日本的白银储量则较为充足，而且自明治政府成立后外国白银持续流入日本。于是新式银币铸币量逐年扩大，尤其是"1日元"银币大量铸造且在国内普及使用，这使得原来作为辅币流通的银币，地位逐渐上升，流通量甚至超过金币，占据了主导地位。

1878年5月，明治政府颁布公告，规定"1日元"银币可在日本国内无限制使用，"1日元"银币与"1日元"金币等值，1∶1兑换，将银和"日元"挂钩。相当于认可了银币本位币地位，即事实上的金银复本位。

1882年10月，作为日本中央银行的日本银行正式成立。1884年5月，明治政府公布《兑换银行券条例》。1885年5月，日本银行开始发行新的统一纸币"日本银行兑换银券"，并以"日本银行兑换银券"逐渐收兑以往的各种旧纸币。"日本银行兑换银券"以银币为发行储备，可兑现为银币。所以，它的发行标志着日本纸币从以"金"为本位转变成了事实上的"银"为本位。

可见，1871—1885年，日本的货币流通大致是以金银币为双本位币，纸币与金币只是名义上挂钩。而1885年"日本银行兑换银券"发行后，就形成了以金银币为双本位，纸币与银币事实挂钩的局面。虽然事实上纸币与银币挂钩，但并没有因此消除金币作为本位币的法律地位，所以依然是金银复本位制。

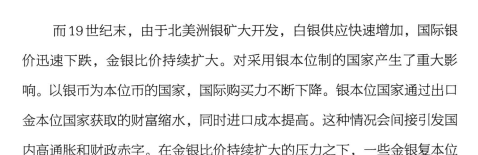

而19世纪末，由于北美洲银矿大开发，白银供应快速增加，国际银价迅速下跌，金银比价持续扩大。对采用银本位制的国家产生了重大影响。以银币为本位币的国家，国际购买力不断下降。银本位国家通过出口金本位国家获取的财富缩水，同时进口成本提高。这种情况会间接引发国内高通胀和财政赤字。在金银比价持续扩大的压力之下，一些金银复本位或银本位制国家，纷纷转向金本位。19世纪末，世界各主要工业国基本都采用了金本位，形成国际金本位格局。

而当时作为采用金银复本位制的日本，实际银币流通量超过金币，同样也遭受了冲击。为了消除银价走跌的压力，维持本国货币的价值稳定，日本政府也开始考虑顺应国际潮流，在条件成熟之时转向金本位。

1894年日本对清政府发动甲午战争并获胜，作为战胜国，日本向清政府索取了巨额的军事赔款。这笔赔款高达2.4亿两白银，折合约3800万英镑或3.6亿日元，而当时日本政府一年的财政收入不足1亿日元。这些赔款并非以中国白银直接赔付，而是兑换成英镑赔付。日本政府将获得的英镑赔款一部分在伦敦购买黄金，运回国内，其余则存放在伦敦，以英镑资产的形式保有。由于当时英镑和黄金挂钩，英镑随时能兑成黄金，所以英镑资产等同于黄金资产。

日本政府掌握了这笔巨额黄金资产后，推行真正金本位制的时机也终于成熟了。金本位对工业化国家有利。在当时的国际生产和贸易中，英国是金本位最大的受益者。1816年英国以法律形式正式将英镑与黄金挂钩，英国是最早采用金本位制的国家。

日本也想积极加入"黄金俱乐部"的金本位制，目的是提高国际金融市场的信用等级，吸引外国投资者购买债券，同时在国际金融市场上持续廉价地获得融资，转用于军费与进口机器设备。

在这样的背景下，1897年，松方提交的《货币法》开始实施，金本位制正式确立。

日本采用金本位制后，因汇率稳定，国外投资者的风险顾虑减少，日本从海外吸收了大量资金。日俄战争的经费也是在海外筹集的。这些都是金本位制发挥的重要作用。

甲午战争后，由于大量进口军舰机械，日本国际收支出现巨额赤字。物价上涨加快，金融形势一度紧张。但政府财政尚能支撑下去，也主要得益于从海外大量吸收资本。在向金本位过渡过程中，恰逢1890年代后半期世界经济开始恢复，日本吸收外资比较容易，硬通货黄金的流入，补充了日本的对外支付储备，并弥补了财政赤字，缓和了金融形势，为之后的企业勃兴和经济扩张创造了条件。

（二）加快了殖产兴业政策的转变

殖产兴业是明治政府实现资本主义工业化的重要指导方针，具体实施过程历经了不同的发展阶段。"松方财政"促使殖产兴业政策发生巨大的转变。

明治维新初期，政府为加速日本近代化进程，运用国家政权和各种政策手段，动用国库资金，采用国外先进技术，建立了一批国营军工企业和模范工厂。

大隈重信主政大藏省期间，实行积极的财政政策。以国营军工企业为主导推动殖产兴业，按照西方的样板，大力扶植资本主义成长。西南战争后，由于增发滥发纸币，殖产兴业政策面临严重的财政困难，1880年前后日本遭遇史无前例的财政危机，政府内部纷纷采用各种办法来摆脱困境。鉴于官营企业带给政府财政的沉重负担及民间资本主义发展的强烈呼吁，1880年11月明治政府公布《工厂出售概则》，宣布可以出售官办企业给民间，这也标志着殖产兴业政策开始发生转变。官企转民营，政府也不再大肆兴办官营企业。

尽管官企民营的政策最初制定于大隈财政时期，但全面彻底执行该政策却是在松方执政时期。"明治十四年政变"后，大隈重信下台，松方正义继任大藏卿，实行紧缩财政政策。为缩减政府的财政支出，松方决定彻底处理官营企业。

《工厂出售概则》初颁布时，出售对象仅限一些亏损严重的工厂，出售的价格也比较高，因此愿意购买的人寥寥无几。松方上任后用更加优惠的条件鼓励民间资本主义接收官营企业，1884年，在松方的推动下，官办企业按极低的价格或无息分期出售，出售的范围扩大到矿山，大大调动了民间资本购买的积极性。无息分期的支付办法对购买者极为有利，如品川玻璃制造所的最初政府投资为29万日元，出售时仅折价为6.6万日元，出售条件为从第6年起分55年分期支付。极宽松的出售条件——"基本上是廉价出让，有些几乎是白白相送"，激起了私人资本家的浓厚兴趣，跃跃欲试。也正因如此，"松方财政"时期的官营企业处理能够彻底顺利地进行。[①]

松方对官营企业的彻底处理，使殖产兴业发生巨大演变，进入以培育民间资本为主的发展阶段。殖产兴业早期，明治政府大力支持官办企业。而当民间资本独立发展的条件已成熟时，官营经济已成为民间资本主义发展壮大的严重阻碍。在松方的主导下，明治政府及时调整政策，将官营企业转让给民间经营，有效地将民间资本和各种社会闲散资金引向工业生产和建设领域。在政府政策层面上，实施全面扶植民间资本的发展战略，为民间资本主义的发展准备了条件。

① 朱少雅：《松方财政改革探析》，复旦大学2009年硕士学位论文。

因此，可以说，"松方财政"顺应资本主义发展的趋势，彻底实施并有效落实官营工厂转让政策，促使殖产兴业发生巨大演变，从而加速了资本主义的发展，给日本带来了产业革命的浪潮。

（三）促进产业革命的发展

"松方财政"带来的通货稳定、金融体系的健全、民间资本的成长以及国内经济环境的改善，均为日本资本主义经济发展铺平了道路。尤其是近代财政金融体系的确立，保证了企业发展生产所需的大量资金。"松方财政"之后，贷款利率降低、货币供给源扩大化并且稳定性增强，从而为1886年第一次产业革命热潮的出现创造了极其有利的条件。[①]

18世纪60年代从英国发起的第一次产业革命，开创了以机器代替手工劳动的时代，是技术发展史上的一次巨大革命。日本是在特殊的历史条件下开始产业革命的。1868年明治新政府成立时，欧美先进国家已经完成了产业革命。明治维新改革了落后的封建制度，试图建立资本主义工业化强国。明治政府富国强兵，增强军事力量；殖产兴业，培植资本主义经济；文明开化，培养了大批的技术人员和产业工人。在1868—1885年，引进英国等西方先进国家的技术设备，聘用外国专家和技术人员，建设了一批兵工厂、采矿场，以及以生产纺织品、水泥、玻璃、火柴为主的民用工厂和模范工厂。这批官营工厂的建立，标志着日本产业革命的开始。

1880年《工厂出售概则》颁布后，在松方正义的推动下，明治政府廉价向私人转让官营工厂。以此为契机，出现了私人创办和经营近代企业的高潮，产业革命进入了快速发展的新阶段。

---

① 朱少雅：《松方财政改革探析》，复旦大学2009年硕士学位论文。

松方主导下成立的日本银行和整顿后的国立银行体系，完善了银行信用制度。银行在企业开创阶段所起的作用越来越大。健全的货币金融体系保证了企业能够有效地筹集资金，为产业发展提供充足的货币资金，带来了铁路运输、纺织、矿山等近代公司和企业的创业高潮，为产业革命的迅速铺开提供了强有力的保障。

1882年由涩泽荣一等人筹资25万日元建成的大阪纺织厂正式开工，该厂引进最先进的机器设备和一流的技术，吸取官营企业的经验教训，全面加强经营管理，企业效益迅速提高，成为私人企业的模范，带动了纺织业的振兴。至1890年，纺织业的投资高达1500万日元，占同期各种企业投资总额的40%。铁道建设方面，私营铁道从无到有，至1889年总长达到672英里，超过了国有铁路；在矿业开采方面，从1885年起，私营采矿量也全面超过官营矿业。[1]

1884—1893年的10年间，工业公司的资本增加了14.5倍。1893年拥有10个工人以上的工厂已达3019家，其中使用机械动力的有675家，职工38万人，产业革命已逐渐扩展到一切主要工业部门。其重点也从过去以官营军事工厂为中心的重工业转移到以私营纺织业为中心的轻工业。1885—1894年，纱锭增加5.8倍。到1890年，日本就从棉纺织品进口国变成了棉纱出口国。

同时，日益扩大的出口经济对产业振兴高潮的出现也起到相当重要的作用。生丝、棉纱、矿产品、杂货等出口产业的增长又刺激了棉织物和食品等内需传统产业，进而又促进了纺织、制糖等近代产业的蓬勃发展。出口经济的迅速发展带动了国内实业生产的飞跃，日本迎来了真正的产业振兴。

---

① 朱少雅：《松方财政改革探析》，复旦大学2009年硕士学位论文。

四、结语

"松方财政"成功地解决了自明治初期起便存在的严重的币制紊乱和经济不振等问题，为日本之后的产业振兴和经济发展创立了必要的条件。

在"松方财政"的保驾护航下，19世纪80年代中期的日本，明治维新各项重要改革陆续完成，开始集中力量发展经济。大规模引进国外先进技术设备，为促进私人向工矿业投资创造了有利条件。同时，以私人企业为主导、以纺织工业为中心的产业革命迅速发展起来，掀起了产业革命的热潮。松方财政后的日本致力于技术引进和技术改良，发展传统产业和近代产业，加快铁路建设；同时扩大出口并以出口促进内需。产业革命由此开始蓬勃发展。

可以说，"松方财政"成功地为明治政府的殖产兴业注入了新活力，迎来近代日本第一次产业发展的高潮；另外，甲午战争后日本依靠从中国索取的巨额赔款，确立了金本位制，提高了日本的金融地位，并利用战争赔款大规模加强陆海军建设，扩建铁路网，极大地推动了私人资本的发展。日本资本主义由此进入飞速发展的时期。